おつまみ横丁

もう一軒

さらにおいしい酒の肴 185

池田書店

もう一軒 おつまみ横丁
さらにおいしい酒の肴185
CONTENTS

第一章 横丁酒場の絶品おつまみ

（ついついもう一軒ハシゴしたくなる）

とりあえず 10

- クリームチーズボール ……… 10
- スナップエンドウの塩びたし ……… 12
- クリームチーズの生ハム巻き ……… 13
- 油揚げ焼いただけ ……… 14
- きゅうりの一本漬け ……… 15
- カマンベールチーズのせトースト ……… 16
- チャーシューねぎトースト ……… 18
- 卵サンド ……… 19
- ゆでいかのしょうが醤油 ……… 20
- 塩メンマのねぎ和え ……… 22
- 梅かつお、梅わさび ……… 23

サラダ 24

- 長芋と万能ねぎのサラダ ……… 24
- 炒めコンビーフとトマトのサラダ ……… 26
- ゴーヤサラダ ……… 27
- スパゲッティサラダ ……… 28
- トマトと玉ねぎの中華サラダ ……… 29
- タラモサラダ ……… 30
- 春雨サラダ ……… 32
- スパイシーコールスロー ……… 33

刺身 34

- 豆腐の刺身 ……… 34
- まぐろのコチュジャン和え ……… 36
- 鯛の刺身レモン塩 ……… 37
- アボカドの刺身 ……… 38
- 白身魚のごま醤油和え ……… 39

しめあじ‥‥‥‥‥‥‥‥‥‥‥‥‥‥40
ゆで豚の刺身‥‥‥‥‥‥‥‥‥‥42
とりわさ‥‥‥‥‥‥‥‥‥‥‥‥43

煮物・蒸し物 44

たけのこのおかか煮‥‥‥‥‥‥‥44
新じゃがのバター煮‥‥‥‥‥‥‥46
煮がんも‥‥‥‥‥‥‥‥‥‥‥‥47
長芋と牛肉の煮物‥‥‥‥‥‥‥‥48
あさりの汁蒸し‥‥‥‥‥‥‥‥‥49
金目鯛の煮つけ‥‥‥‥‥‥‥‥‥50
蒸しはまぐり‥‥‥‥‥‥‥‥‥‥51
牛スジの塩煮込み‥‥‥‥‥‥‥‥52
ゆで豚の海苔ぽん酢‥‥‥‥‥‥‥54
鶏手羽先の酢煮‥‥‥‥‥‥‥‥‥55
豚肉じゃが‥‥‥‥‥‥‥‥‥‥‥56
牛肉としらたきのすき煮‥‥‥‥‥57

焼き物 58

鶏肉の素焼きハーブ塩焼き‥‥‥‥58
焼きみょうが‥‥‥‥‥‥‥‥‥‥60
れんこんと長芋の塩焼き‥‥‥‥‥61
はんぺんのバター焼き‥‥‥‥‥‥62
焼きたけのこ酢味噌がけ‥‥‥‥‥63
だし巻き卵‥‥‥‥‥‥‥‥‥‥‥64
焼き牡蛎‥‥‥‥‥‥‥‥‥‥‥‥66
鮭ハラスの西京焼き‥‥‥‥‥‥‥67
マッシュルームのチーズ焼き‥‥‥68
手づくり塩鮭‥‥‥‥‥‥‥‥‥‥69
生ホタテのバター醤油焼き‥‥‥‥70
鴨の黒こしょう焼き‥‥‥‥‥‥‥72
豚肉の味噌漬け焼き‥‥‥‥‥‥‥73
鶏肉の塩釜焼き‥‥‥‥‥‥‥‥‥74
牛赤身肉のたたき‥‥‥‥‥‥‥‥75

炒め物 76

- 豚白もつのピリ辛炒め … 76
- グリーンアスパラの直炒め … 78
- うどの皮ごときんぴら … 79
- コーンバター … 80
- ウインナーエッグ … 81
- おつまみしょうが焼き … 82
- 昔風ナポリタン … 83
- にら玉 … 84
- はんぺんキムチ炒め … 86
- そうめんチャンプルー … 87
- 牡蠣のガーリックバター炒め … 88
- えびの黒酢炒め … 89
- 豚肉と高菜のピリ辛炒め … 90
- いかとセロリの塩炒め … 91

揚げ物 92

- 豚天 … 92
- さきいかの天ぷら … 94
- ポテトフライ … 95
- ちくわチーズの磯辺揚げ … 96
- 紅しょうが天 … 97
- 揚げさつまいも … 98
- 揚げシューマイ … 99
- 里芋の唐揚げ … 100
- わかめとしらすの天ぷら … 101
- 玉ねぎリングフライ … 102
- 白身魚とスナップエンドウのビール揚げ … 104
- 魚肉ソーセージのアメリカンドッグ … 105
- 豚レバーにんにく唐揚げ … 106
- 重ねハムカツ … 107
- 食パンのソーセージロール … 108
- ビフカツ串 … 109

和え物 118

なすの塩もみ ……… 118
ゆでオクラのおかか和え ……… 120
キャベツの甘酢漬け ……… 121
ゆでなすのごま味噌和え ……… 122
にらともやしのおひたし ……… 123
鶏皮ポン酢 ……… 124
かつおのからし醤油和え ……… 126
セロリのヨーグルト漬け ……… 127
かぶのからし漬け ……… 128
アボカドのディップ ……… 129

豆腐 130

高野豆腐のトンカツ ……… 130
大阪風湯豆腐 ……… 132
海苔がけ湯豆腐 ……… 133
温やっこ ……… 134
鶏スープ湯豆腐 ……… 135
変わり冷やっこ5種 ……… 136
冷したぬき豆腐 ……… 138
厚揚げのピリ辛オイスターソース炒め ……… 139

〆の一品 140

冷や汁 ……… 140
塩七味唐辛子おむすび ……… 142
うな茶 ……… 143
深川風ぶっかけめし ……… 144
鯛茶（やなぎがけ） ……… 145
大根菜めし ……… 146
カレー汁かけめし ……… 147
ねこめしおむすび、みそおむすび ……… 148
越前風おろしそば ……… 150
キムチそうめん ……… 151
タイピーエン（春雨入り中華スープ） ……… 152
温めかぶうどん ……… 153

小鍋立て 154

鶏レバーと鶏もも肉の鍋 [鶏レバー×鶏もも肉] 154
白菜とん鍋 [白菜×豚バラ肉] 156
はまぐりとねぎの湯豆腐 [はまぐり×豆腐] 157
きのこ鍋 [きのこ×油揚げ] 158
牛肉と水菜のすき焼き [牛肉×水菜] 159
豚バラと大根の塩鍋 [豚バラ肉×大根] 160
鶏肉と玉ねぎの甘辛鍋 [鶏もも肉×玉ねぎ] 161
豚肉とレタスのしゃぶしゃぶ [豚バラ肉×レタス] 162
あさりと白菜の磯鍋 [あさり×白菜] 163
ごぼうと鶏肉の鍋 [ごぼう×鶏もも肉] 164
牡蠣と大根のしゃぶしゃぶ [牡蠣×大根] 165

● 第二章
あともう一杯だけ
呑みたいときの
**サクッとつくれる
おつまみレシピ集**
クイックおつまみレシピ35
168

〈野菜類〉
アスパラガスのナンプラー炒め 168
うどの酢味噌和え 168
きんぴらレンコン 169
クレソンのごま和え 169
ゴーヤとじゃこの炒め物 170
じゃがバター塩辛のせ 170
セロリのナンプラー漬け 170
大根サラダ 171
にんにくの丸ごと焼き 171
ピーマンのおかか炒め 171
ブロッコリーとトマトのポン酢和え 171

〈魚介類〉
いかげそ焼き……172
えびの梅肉和え……172
牡蠣の味噌焼き……173
たことトマトのタバスコ風味……173
生鮭とキノコのホイル焼き……174
まぐろアボカド納豆……173
まぐろの醤油煮……173
焼きタラバガニ……174

〈肉類・加工品〉
ささ身の明太和え……174
ソーセージとまいたけのガーリックソテー……175
鶏手羽先の塩焼き……175
鶏肉と大根の鍋……175
豚肉とキャベツのマヨ炒め……176

〈その他〉
揚げそばチップ……176
油揚げと大根の湯豆腐……177
油揚げの納豆つめ焼き……177
貝割れ卵焼き……177

ちくわと魚肉ソーセージのバター焼き……177
春巻きの皮ピザ……178
ポテチー……178

〈缶詰め・瓶詰め〉
うにチーズ海苔巻き……178
かまぼこの塩辛炒め……179
たたき長芋のなめたけ和え……179
ツナ缶マヨ焼き……179

● 文字だけおつまみレシピ25……180

〈野菜・キノコ類〉
アスパラガスの焼きびたし……180
さつまいもとひき肉のきんぴら……180
しいたけのマヨネーズ焼き……180
ししとうのじゃこ炒め……180
キャベツのバター炒め……181
せりのおひたし……181
長芋納豆のチーズ焼き……181
長芋のフライドポテト……181
みょうがの酢漬け……181

もやしときゅうりのごま和え 181
れんこんの甘辛炒め 181
長ねぎの醤油炒め 181

〈魚介類〉
いかのうに和え 182
えびとブロッコリーのペペロンチーノ 182
まぐろのキムチ和え 182
しらすとみょうがの和え物 182
焼きたらこ 182
たこときゅうりのポン酢和え 182
ホタテの磯辺焼き 182
牡蠣の昆布焼き 183

〈その他〉
はんぺんのからし和え 183
牛肉のしぐれ煮 183
ちくわ納豆 183
焼き豚ときゅうりのごま酢和え 183
魚肉ソーセージフライ 183

お役立ちコラム .... 110 料理用語解説 166
基本のだし汁の取り方 .... 166 素材別INDEX 184

■ **本書の使い方**
- 計量の単位は、小さじ1＝5cc(mℓ)、大さじ1＝15cc(mℓ)、1カップ＝200cc(mℓ)。
- 調味料は、とくに注釈のないものは、砂糖は上白糖、塩は粗塩、しょうゆは濃口しょうゆ、みそは好みのみそ、小麦粉は薄力粉を使用。
- だし汁とは「昆布と削り節でとった和風だし」のことですが、インスタントの「和風だしの素」でも代用可能。
- 電子レンジは500wのものが基準。メーカーや機種により違いがあるので様子をみて加減してください。

■ **分量表記について**
- つくりやすさを考えて「基本は2人分」ですが、便宜上多めにつくったほうがいいものや、つくりやすいものは1～4人分で表記しています。
- レシピの分量は、あくまでおいしくつくるための目安。材料が一品ぐらい足りなかったり、他の材料に代えたとしても問題なくおいしくつくれるので、自分なりに工夫してみましょう。

揚げ油の温度		
	160度（低温）	揚げ油に衣を落とすと、底まで沈み、ゆっくりと浮き上がってくる。
	170度（中温）	揚げ油に衣を落とすと、底まで沈み、すぐに浮き上がってくる。
	180度（高温）	揚げ油に衣を落とすと、沈まないで、油の表面でパッと散るように広がる。

第一章 横丁酒場の絶品おつまみ

ついついもう一軒ハシゴしたくなる

とりあえず

クリームチーズボール

一 クリームチーズは切り分けて、手で転がしながら直径2cmぐらいに丸める。

二 くるみは包丁で粗く刻み、パイナップルはクリームチーズと同じぐらいの大きさに切る。

三 クリームチーズにくるみを適量まぶして丸め、パイナップルと一緒にピンに刺す。

ポイント
チーズとパイナップルを一緒に口に含んだ途端、口中にに広がる味わい深い独特のハーモニーに驚くはず。洋酒との相性は秀逸。

[材料2人分]
クリームチーズ ・・・・・・・・・・・・・50g
くるみ(ローストしたもの) ・・・・50g
パイナップル
(生でも缶詰めでもOK) ・・・・・50g

スナップエンドウの塩びたし

一 スナップエンドウは筋を取って塩少々（分量外）を加えた熱湯でゆでて冷水に取り、粗熱が取れたら水けをきる。

二 ボウルに冷たく冷やしただし汁、塩を入れて混ぜ、一をひたす。

三 味がしみるまで30分ほどおいて冷やし、器に盛る。

[材料 2人分]
スナップエンドウ・・・・・・・100g
だし汁(冷やしたもの)・・・・1/2カップ
塩・・・・・・・・・・・・・・・・・・・・小さじ1/2

アレンジ
だし汁につけるのが面倒なら、ゆでて削り節をかけてしょうゆをたらすだけでも美味い。

クリームチーズの生ハム巻き

一 クリームチーズは1cm角の棒状に切る。

二 生ハムを適当な幅に切って巻き、半分に切る。

三 好みで、黒こしょうをふる。

[材料2人分]
クリームチーズ ……… 50g
生ハム ……………… 8枚
黒こしょう ………… 適量

油揚げ焼いただけ

一　油揚げは、オーブントースターまたはグリルでこんがり焦げ目がつくまで焼く。

二　食べやすいように切って、器に盛る。

三　しょうがをのせて、しょうゆをかける。

ポイント
オーブントースターで数分、外はカリッと中はふわっと焼くと美味い。

[材料 2人分]
油揚げ・・・・・・・・・・・・・・・2枚
しょうがのすりおろし・・・少々
しょうゆ・・・・・・・・・・・・・・適量

きゅうりの一本漬け

一 きゅうりは水洗いして、両端を切り落とす。

二 だし昆布はキッチンバサミで細く切る。

三 容器またはビニール袋にすべての材料を入れ、軽くもんで冷蔵庫に一晩おく。器に盛ったら、切らないで一本まるごとかぶりつく。

[材料2人分]
きゅうり ・・・・・・・・・・・・・4本
だし昆布(5cm角) ・・・・・1枚
塩 ・・・・・・・・・・・・・・・・・小さじ2
水 ・・・・・・・・・・・・・・・・・2カップ

[材料 2 人分]
食パン ・・・・・・・・・・・・・ 2 枚
A
┌ カマンベールチーズ ・・1/4 個
│ 青カビタイプの
└ カマンベールチーズ ・・1/4 個
B
┌ にんにくのすりおろし ・小さじ 1/3
└ オリーブ油 ・・・・・・・・・ 大さじ 2
塩・こしょう ・・・・・・・・ 各少々
パセリ（あれば） ・・・・・・・ 適量

アレンジ
オリーブ油をバターに代えれば、
さらに濃厚な味わいに。

とりあえず

カマンベールチーズのせトースト

一 食パンは三角に切り、Aはそれぞれ薄く切る。

二 Bを混ぜ合わせて食パンにぬり、一のチーズを別々に適量のせる。

三 オーブントースターでパンに焦げ目がつくまで焼き、塩、こしょうをふる。器に盛り、パセリを添える。

ポイント
酒は何でもいけるが、特にキリッと炭酸のきいたハイボールと合わせたい。

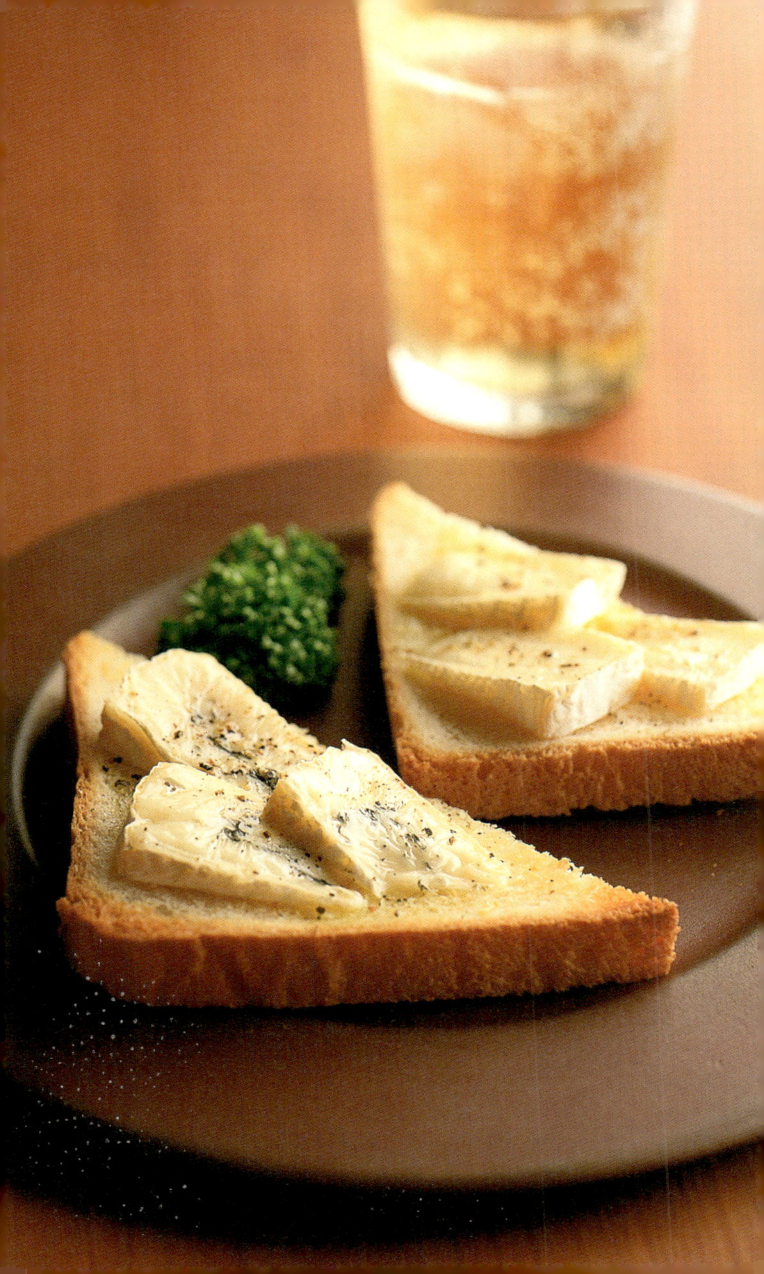

チャーシューねぎトースト

一　フランスパンは厚さ2cmぐらいの輪切りにする。

二　チャーシューは1cm角に切り、長ねぎは縦2つに切ってから小口切りにする。ボウルに入れてマヨネーズを加え、混ぜる。

三　一に二をのせ、オーブントースターでこんがり焦げ目がつくまで焼く。器に盛り、好みで一味唐辛子、黒こしょうをふっても。

[材料2人分]
フランスパン・・・・・・・・・・・・1/4本
チャーシュー（市販）・・・・・50g
長ねぎ・・・・・・・・・・・・・・・・・・10cm
マヨネーズ・・・・・・・・・・・・・・大さじ3
一味唐辛子・黒こしょう・・各適量

卵サンド

一 固めにゆでたゆで卵は殻をむき、ナイフ2本で粗く刻み(片手に1本ずつ持つ)、ボウルに入れる。

二 一にマヨネーズ、塩、こしょうを加え、混ぜ合わせる。

三 食パンに二をたっぷりぬって、もう1枚の食パンではさみ、4等分に切り分ける。

ポイント
ゆで卵は水からゆでて約15分。卵サンドは、パンからはみ出るぐらい具をたっぷりはさむのが美味さの秘訣。

[材料2人分]
食パン(サンドイッチ用)‥8枚
ゆで卵 ‥‥‥‥‥‥‥‥4個
マヨネーズ ‥‥‥‥‥大さじ3
塩・こしょう ‥‥‥‥‥各少々

ゆでいかのしょうが醤油

[とりあえず]

[材料 2 人分]
するめいか ……………1ぱい
A
  ┌ 酒 ……………………大さじ1
  └ 塩 ……………………小さじ1¼
B
  ┌ しょうがのすりおろし ‥少々
  └ しょうゆ ……………適量

とりあえず

一、いかは下記を参照してさばいて鍋に入れ、鍋底から2cmの高さに水を入れる。

二、Aを加えて強火にかけ、煮立ったら裏返して中がまだ半生ぐらいで火を止め、余熱で火を通す。

三、粗熱が取れてから、胴は輪切り、足は食べやすく切り分け、Bを加えて混ぜ合わせる。

ポイント
少ないゆで汁で加熱するのが、うま味を逃さないでやわらかく仕上げる秘訣。

④ 目の下に包丁を入れ足を切り離す。

① 胴と内臓の間に親指を差し込み、胴と内臓のつけ根を切り離す。

⑤ 足を裏返し、つけ根にある茶色いクチバシを取る。

② 胴の内側についている細長い軟骨を引き抜く。

⑥ 足は口から縦二つに切り、食べやすく切り分ける。

③ 足ごと内臓を引き抜き、胴の中は流水で洗う。

塩メンマのねぎ和え

一　塩漬けメンマは塩を洗い流し、たっぷりの水に2〜3時間つけて戻して、水けをきる。

二　長ねぎは粗みじん切りにする。

三　ボウルにすべての材料を入れ、和えて器に盛る。

ポイント
塩漬けメンマはスーパーなどで300〜400円（200g）で入手できる。

[材料2人分]
塩漬けメンマ・・・・・・・・・・・・50g
長ねぎ・・・・・・・・・・・・・・・・・・10cm
ごま油・・・・・・・・・・・・・・・・・小さじ2
塩・こしょう・・・・・・・・・・・各少々

梅かつお、梅わさび

一　梅干しは種を除き、包丁で細かくたたく。

二　一を半分に分け、それぞれ削り節、わさび漬けと混ぜ合わせる。

三　器にきゅうりとともに彩りよく盛りつける。そのままでも、きゅうりにのせて食べても美味い。

[材料2人分]
梅干し（赤じそ漬け）……4個
削り節 ……………………大さじ1
わさび漬け ………………大さじ1
きゅうりの薄切り ………適量

アレンジ
梅干しはどんなタイプでもOK。

長芋と万能ねぎのサラダ

サラダ

一　長芋は皮をむき3cmぐらいのぶつ切りにして耐熱ボウルに入れ、ラップをかけて電子レンジで7分加熱する。

二　一の粗熱が取れたら、すりこぎなどで粗くつぶす。

三　残りの材料をすべて加え、混ぜ合わせて器に盛る。

[材料2人分]
長芋 ………………20cm(300g)
万能ねぎの小口切り ‥‥8本分
しらす ……………50g
マヨネーズ ………大さじ2
塩・こしょう ………各少々

炒めコンビーフとトマトのサラダ

一 玉ねぎは塩をふって手でもみ、しんなりしたら水けを絞る。トマトは2cm角に切る。

二 コンビーフはフライパンに入れてほぐし、中火で軽く炒める。

三 ボウルにすべての材料を入れ、和えて器に盛る。

［材料 2 人分］
コンビーフ ……………… 1/2 缶
玉ねぎの薄切り ……… 1/4 個分
塩 ………………………… 少々
トマト …………………… 1 個
粒マスタード ………… 小さじ 2

ゴーヤサラダ

一 ゴーヤは縦半分に切って種とワタをスプーンですくい取り、厚さ5mmに切る。塩少々を加えた熱湯でさっと1分ほどゆで、冷水にさらしてザルに上げ、水けを絞る。

二 ランチョンミートは短冊切りにする。

三 ボウルにすべての材料を入れ、和えて器に盛る。

ポイント
ゴーヤの苦みとコーンの甘みが相まって爽やかな口当たりの一品に。

[材料2人分]
ゴーヤ ……………………1/2本
ランチョンミート(缶詰め)‥50g
粒コーン(缶詰め) ……1/2カップ
マヨネーズ …………大さじ2
塩・こしょう ………各適量

アレンジ
ランチョンミートはハムに代えても。

スパゲッティサラダ

一 スパゲッティは半分に折り、1％の塩を加えた熱湯でやわらかめにゆでて冷水に取り、水をきってボウルに入れる。にんじんはゆで上がる直前に加えて、一緒にゆでる。

二 玉ねぎは塩少々をふって手でもみ、しんなりしたら水けを絞る。ハムは細めの千切りにする。

三 すべての材料を一のボウルに入れ、和えて器に盛る。好みでマスタードを添える。

ポイント
1％の塩を加えた熱湯 約2ℓの熱湯に対し塩大さじ1強が目安。

[材料 2人分]
- スパゲッティ ……… 60g
- にんじんの千切り …… 10g
- 玉ねぎの薄切り ……… 1/4個分
- ハム ……………… 2枚
- マヨネーズ ………… 大さじ2
- 塩・こしょう ……… 各適量
- パセリのみじん切り（あれば） ……………… 大さじ1

トマトと玉ねぎの中華サラダ

一 玉ねぎは薄切りにして、透き通るぐらいまで冷水にさらして水けを絞る。トマトはヘタを取って乱切り、貝割れ大根はざく切りにする。

二 器に玉ねぎをしき、トマトをのせて貝割れ大根を散らす。

三 ドレッシングの材料を混ぜ合わせ、食べる直前に二にかける。

[材料2人分]
トマト(小) ･････････2個
玉ねぎ ･････････1/4個
貝割れ大根 ･････････少々

ドレッシング
　砂糖 ･････････小さじ1
　しょうゆ・酢 ･････各大さじ1
　ごま油 ･････････大さじ1

［材料2人分］
じゃがいも（大） ……1個
たらこ（生食用） ……大さじ3
オリーブ油 ……大さじ1
塩・こしょう ……各少々
マヨネーズ ……大さじ2
にんにくのすりおろし ……小さじ1/4
パセリのみじん切り ……適量
食パンのトースト ……適量

サラダ

タラモサラダ

一 じゃがいもは皮をむいて一口大に切り、塩少々（分量外）を加えた水からゆでて、竹串がスッと通るまでやわらかくなったら水けをきる。たらこは縦に切り目を入れてから、スプーンでしごいて中身を出す。

二 ボウルにすべての材料を入れ、じゃがいもをつぶしながら混ぜ合わせ、器に盛って好みでパセリを散らす。

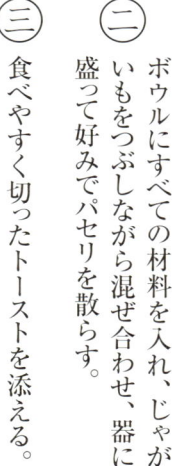

三 食べやすく切ったトーストを添える。

中身をスプーンでしごき出す。

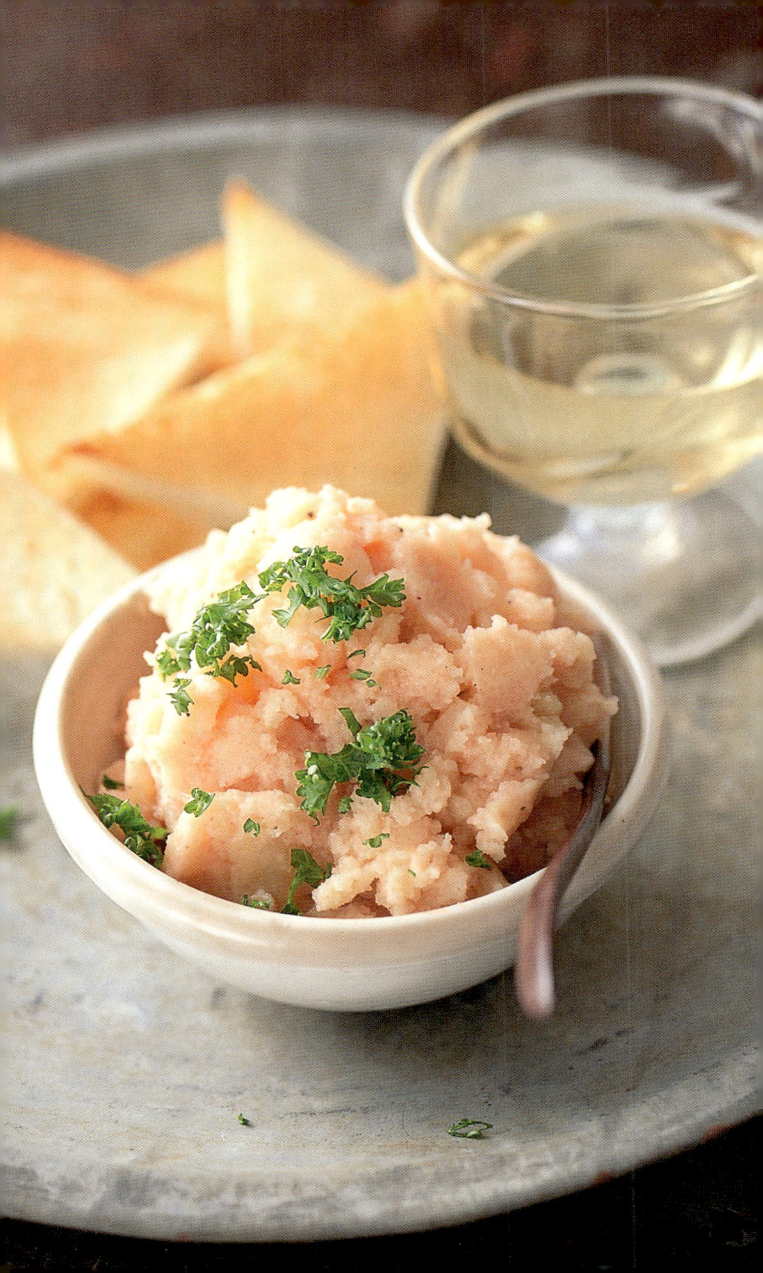

春雨サラダ

一 春雨は熱湯でやわらかめにゆでて（約5分）冷水に取り、冷ましてザルに上げる。にんじんは、春雨がゆで上がる2分前に加えて一緒にゆでる。

二 きゅうりはヘタを切り落とし、縦半分に切ってから斜め薄切りにし、塩をふって軽くもんで水けを絞る。ハムは千切りにする。

三 ボウルにすべての材料を入れ、ドレッシングを加えて和える。

[材料 2人分]
春雨 ・・・・・・・・・・・・50g
にんじんの千切り ・・・30g
きゅうり ・・・・・・・・・1本
塩 ・・・・・・・・・・・・・少々
ハム ・・・・・・・・・・・3枚

ドレッシング
砂糖 ・・・・・・・・・・・・小さじ1½
しょうゆ・白ごま・ごま油・各大さじ1
酢 ・・・・・・・・・・・・・小さじ2
にんにくのすりおろし ・・・・・少々

スパイシーコールスロー

一 玉ねぎはボウルに入れて塩をふり、手でもんでしんなりしたら水けを絞る。

二 キャベツは5mm幅の短冊切り、レーズンは粗く刻んで、一に加える。

三 ドレッシングの材料を二に加えて混ぜ合わせ、器に盛る。

[材料2人分]
玉ねぎの薄切り ……… 1/4個分
キャベツ ……………… 3枚(200g)
塩 …………………… 小さじ1/3
レーズン ……………… 大さじ2

ドレッシング
　カレー粉・マヨネーズ ・各小さじ1
　酢・オリーブ油 …… 各大さじ1
　にんにくのすりおろし・小さじ1/4
　塩 …………………… 小さじ1/3
　こしょう …………………… 少々

豆腐の刺身

刺身

一 豆腐は布巾やペーパータオルなどに包み、バットにはさんで重しをして冷蔵庫におき、厚みが2/3ぐらいになるまで水きりする。
二 食べやすい大きさに切り、器に盛る。
三 わさびじょうゆを添える。

辞書1冊分ぐらいの重さの重しをする。

[材料2人分]
木綿豆腐‥‥‥‥‥‥1/2丁
しょうゆ・練りわさび‥‥各適量

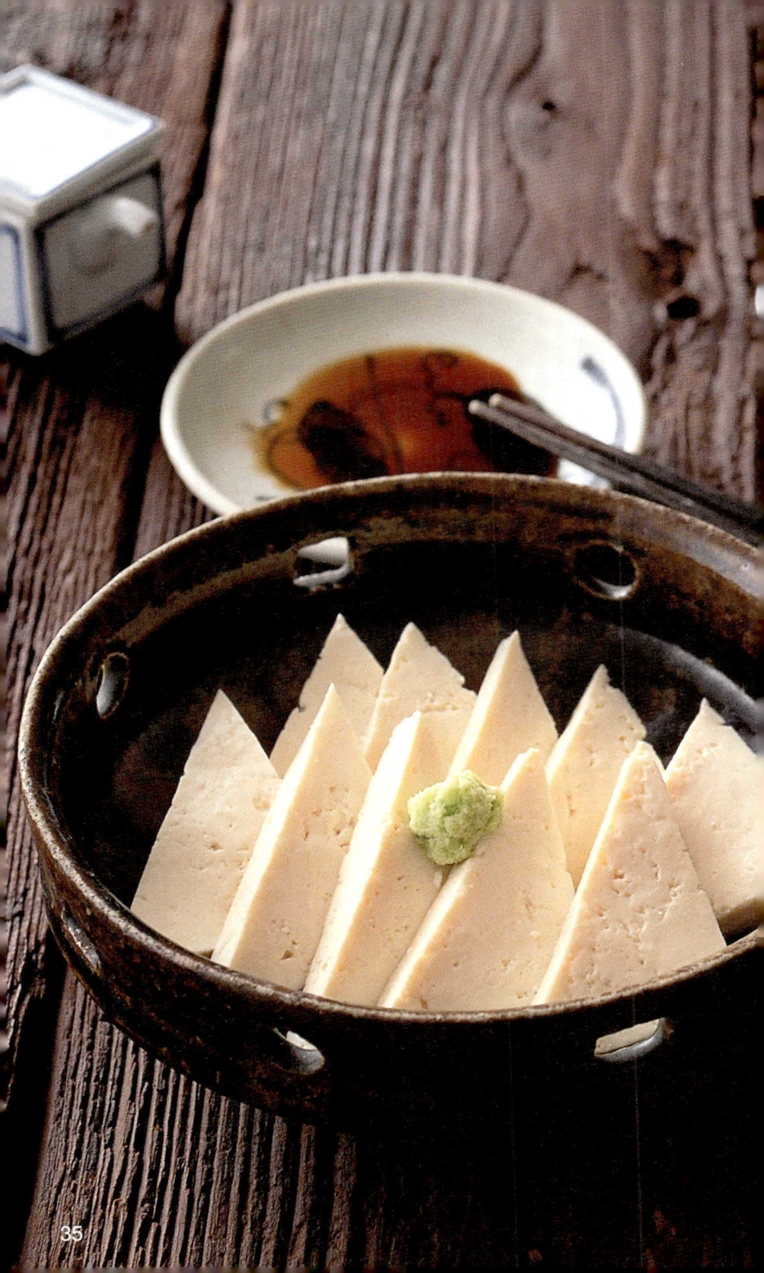

まぐろのコチュジャン和え

一 まぐろは角切りにしてボウルに入れ、Aと和える。
二 器に盛り、うずらの卵を落とす。
三 全体を混ぜてから食べる。

ポイント
ねっとりした濃厚なうま味はマッコリによく合う。

[材料 2人分]
まぐろの刺身 ・・・・・・・・80g
A
　長ねぎの粗みじん切り
　・・・・・・・・・・・・3cm分
コチュジャン ・・・・・・小さじ1½
しょうゆ ・・・・・・・・・小さじ½
ごま油 ・・・・・・・・・・小さじ1
うずら卵 ・・・・・・・・・・・1個

鯛の刺身レモン塩

一、レモンの表皮はよく洗って水けを拭き、黄色い部分だけをすりおろし、塩を混ぜる。

二、鯛の刺身は皮にだけ熱湯をかけて氷水に取り、水けを拭いて食べやすく切り、チャービルをしいた器に盛る。

三、一のレモン塩を適量ふり、好みでオリーブ油をかけて、こしょうをふる。

レモン塩は、しっかり焼いた肉にかけても美味しい。

[材料2人分]
- 鯛の刺身　……　50g
- レモン(国産)の表皮　……　1/2個分
- 塩　……　大さじ2
- チャービル(あれば)　……　適量
- オリーブ油・こしょう　……　各少々

アレンジ
鯛の刺身の他、白身魚(ひらめ、すずき、ボラなど)なら何でも合う。余ったレモン塩は、ビンなどに入れて冷蔵庫におけば、1ヵ月は保存できる。

アボカドの刺身

一 アボカドは2つに割って種を取り、手で皮をむいて7㎜幅に切る。

二 えびは背ワタを取り、塩を加えた熱湯でゆでて殻をむく。

三 器に一と二を彩りよく盛りつけて、練りわさびとしょうゆを添える。

アボカドは種に沿って縦にぐるりとひと回り包丁を入れる。

ねじって2つに割る。

包丁の刃元を種に刺して、ねじって取る。

[材料2人分]
アボカド ・・・・・・・・・・・・・1個
えび ・・・・・・・・・・・・・・・6～8尾
塩 ・・・・・・・・・・・・・・・・少々
練りわさび・しょうゆ ・・各適量

白身魚のごま醤油和え

一 白身魚の刺身は、薄切りにする。

二 ボウルにしょうゆ、白すりごまを入れて混ぜる。

三 一を二に入れ、和えて器に盛る。

[材料2人分]
白身魚の刺身(ここではボラ) …………………150g
しょうゆ …………大さじ1
白すりごま …………1/3カップ

アレンジ
その他の白身魚では、鯛、ひらめ、すずきの刺身など。

刺身

しめあじ

一 あじは三枚におろして小骨を抜き、全体に塩をふって15分おく。Aを混ぜ合わせた中で、塩を洗い流して水けをきる。

二 ボウルに合わせ酢の材料を混ぜて一を10分漬け、取り出して皮をはぎ、食べやすく切ってきゅうりの粗おろしと和える。

三 器にBとともに彩りよく盛りつけ、全体を混ぜて食べる。好みでしょうゆをたらしても。

刺身

1. 尾のつけ根から包丁を入れ、ぜいごを削ぎ取る。
2. 胸ビレのつけ根に包丁を入れ、頭を斜めに落とす。  
3. 頭側から肛門まで、腹側に切り目を入れる。 
4. 包丁の先でワタをかき出し、水洗いする。 
5. 頭側から中骨に沿って包丁を入れ、上身を切り離す。 
6. 下身も中骨に沿って包丁を入れ、身を切り離す。 
7. 三枚におろしたところ。 
8. 包丁を斜めにして腹骨を削ぎ取る。 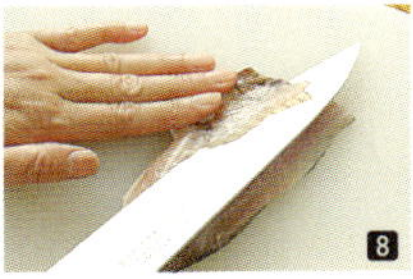
9. 身の中央にある小骨を骨抜きで1本ずつ抜く。 
10. 頭側から皮をつかみ、尾のほうへ向かって皮をはぐ。 

[材料 2人分]
あじ（刺身用） ……… 1尾
塩 ………………… 大さじ1
きゅうりの粗おろし ‥ 1/2本分
A
┌ 酢・水 ………… 各1/2カップ
合わせ酢
　砂糖 …………… 大さじ2
　塩 ……………… 小さじ1
└ 酢 ……………… 1/2カップ

B
┌ 青じその千切り …‥ 2枚分
│ みょうがの斜め薄切り
│ ……………………… 1個分
└ しょうがの千切り ‥適量

ゆで豚の刺身

一 豚肉はかたまりのまま鍋に入れ、たっぷりの水を加えて火にかける。沸騰したらアクを取り、肉が十分やわらかくなるまで弱火で1時間以上ゆでる。火を止め、そのままゆで汁につけたまま冷まして水けを拭き、薄切りにする。

二 玉ねぎは塩少々をふって手でもみ、しんなりしたら水けを絞る。おかひじきは塩少々を加えた熱湯でゆでて冷水に取り、冷ましてざく切りにする。

三 器に一、二を彩りよく盛りつけ、練りがらし、しょうゆを添える。

[材料4人分]
豚肩ロースかたまり肉 ･･400g
玉ねぎの薄切り ･･･････1/2個
塩 ･･･････････････････適量
おかひじき ･･････････････1パック
練りがらし・しょうゆ ･･各適量

とりわさ

一 鶏ささ身は塩を加えた熱湯にさっとくぐらせ、表面が白くなったら冷水に取り、ザルに上げる。水けを拭いて、一口大に切る。

二 貝割れ大根は洗って根元を切り、水けをきる。

三 器に一、二を盛りつけ、練りわさび、しょうゆを添える。

ポイント
とりわさ用の鶏ささ身は、お肉屋さんなどで入手し、必ず鮮度のよいもので調理してください。

[材料2人分]
鶏ささ身(筋なし) ……2本
塩 ………………………少々
貝割れ大根 ……………適量
練りわさび・しょうゆ ‥各適量

煮物・蒸し物

［材料2人分］
ゆでたけのこ ・・・・・・・・・・1個（250g）
市販のめんつゆ（3倍濃縮を原液のまま）
・・・・・・・・・・・・・・・・・・・大さじ2
水 ・・・・・・・・・・・・・・・・・・・1カップ
削り節 ・・・・・・・・・・・・・・・4g
木の芽（あれば） ・・・・・・・適量

たけのこのおかか煮

たけのこは縦に4つ割りにし、根元に近いほうは1cm幅に切り、穂先のほうは5cmほど残して切る。

一　鍋に一、めんつゆ、水を入れ、煮汁がほとんどなくなるまで弱めの中火で煮る。

二　ほとんどなくなるまで弱めの中火で煮る。

三　火を止めて削り節をまぶし、器に盛り、木の芽を散らす。

縦半分に切ってから4つ割りにする。

穂先は5cmほど残して切る。

新じゃがのバター煮

一 じゃがいもは皮をむいて食べやすい大きさに切り、鍋に入れて水をひたひたに加える。

二 砂糖、塩を加えて煮立て、アクを取って、じゃがいもがやわらかくなるまで弱めの中火で煮る。

三 最後にバターを加え溶かし、火を止める。

[材料 2人分]
新じゃが ・・・・・・・・・・・・ 2個
砂糖 ・・・・・・・・・・・・・・・・ 小さじ1/2
塩 ・・・・・・・・・・・・・・・・・・ 小さじ1/2
バター ・・・・・・・・・・・・・・ 大さじ1（12g）

アレンジ
新じゃがでなくとも、じゃがいもなら何でもおいしくつくれる。

煮がんも

一 がんもどきは半分に切る、油が気になるときは、ザルにのせて熱湯を回しかけ、余分な油を落としてから使う。

二 鍋に一、めんつゆ、水を入れて煮立て、沸騰したら弱火にして8分煮る。

三 器に盛り、しょうがの千切りをのせる。

[材料2人分]
がんもどき ・・・・・・・・・・・ 2枚
市販のめんつゆ(3倍濃縮を原液のまま)
・・・・・・・・・・・・・・・・・・・ 1/4カップ
水 ・・・・・・・・・・・・・・・・・・・ 250cc
しょうがの千切り ・・・・・・ 少々

長芋と牛肉の煮物

一　長芋は皮をむき、3cm幅の輪切りにする。牛肉はざく切りにする。

二　鍋に一、砂糖、しょうゆを加えてひたひたの水を加え、煮立ててアクを取り、長芋がやわらかくなるまで弱めの中火で煮る。

三　煮汁が鍋底から3cmぐらいになったらでき上がり。好みで七味唐辛子をふっても。

[材料2人分]
長芋　‥‥‥‥‥‥‥‥‥20cm（400g）
牛薄切り肉　‥‥‥‥‥‥150g
砂糖　‥‥‥‥‥‥‥‥‥大さじ1½
しょうゆ　‥‥‥‥‥‥‥大さじ2½

あさりの汁蒸し

一 あさりは薄い塩水につけて砂出しし、殻をこすり合わせるようにして洗って水けをきる。

二 鍋に一、だし汁、薄口しょうゆを入れ、煮立ててアクを取り、あさりの口が開いたら火を止めて、みつばを加える。

三 味をみて、薄ければ薄口しょうゆでととのえる。

ポイント
あさりの砂出し／ひたひたの薄い塩水（水1カップに対して塩小さじ1/3が目安）につけて、暗いところに1～2時間おく。

塩水につけて砂出しする。

[材料2人分]
あさり（殻つき）・・・・・・・200g
だし汁・・・・・・・・・・・・1 1/2 カップ
薄口しょうゆ・・・・・・・・大さじ1
みつばのざく切り・・・・・適量

金目鯛の煮つけ

一 金目鯛は包丁の背でウロコをていねいに落とし、4つに切り分ける。

二 鍋に一とAを入れ、ふたをしないで煮立ててアクを取り、ときどき煮汁を回しかけながら弱めの中火で8分ほど煮る。

三 落しぶたをして、弱火で2分ほど煮てでき上がり。

[材料2〜3人分]
金目鯛 ・・・・・・・・・・・・・半身
A
 ┌ 酒 ・・・・・・・・・・・・・½カップ
 │ 砂糖 ・・・・・・・・・・・・大さじ2
 │ しょうゆ ・・・・・・・・・・大さじ3
 │ しょうがの薄切り ・・・2〜3枚
 └ 水 ・・・・・・・・・・・・・1カップ

蒸しはまぐり

一　はまぐりは薄い塩水につけて砂出しし(49頁)、殻をこすり合わせるようにして洗って水けをきる。

二　フライパンに一と酒を入れてふたをし、はまぐりの口が開くまで蒸し煮する。

三　器に盛り、万能ねぎを散らす。

ポイント
蒸し煮／材料に少量の水分を加えて煮るか、もしくはふたをして材料から出る水分だけで煮ること。

[材料2人分]
はまぐり(5cmぐらいのもの)
　　‥‥‥‥‥‥‥‥‥‥‥‥8個
酒　‥‥‥‥‥‥‥‥‥‥大さじ3
万能ねぎの小口切り　‥‥適量

牛スジの塩煮込み

[材料3〜4人分]
牛スジ ・・・・・・・・・・・・・300g
塩 ・・・・・・・・・・・・・小さじ2
A
- 大根のいちょう切り ・・6cm分
- にんじんのいちょう切り
　・・・・・・・・・・・・・1本分
- 長ねぎのぶつ切り ・・・1本分
- しょうがの薄切り ・・・・3枚
- にんにくの半分切り ・・2かけ分
- 赤唐辛子の輪切り ・・・・少々

一　鍋に牛スジとたっぷりの水を入れて火にかけ、肉がやわらかくなるまで1時間以上ゆでる（ゆで汁は捨てないでとっておく）。冷めてから、牛スジは食べやすく切る。

二　別の鍋に一のゆで汁3カップと牛スジ、Aを加え、野菜がやわらかくなるまで中火で煮て、塩を加える。

三　味をみて、濃いようならゆで汁を加え、薄いようなら塩でととのえる。

野菜がやわらかくなるまで煮込む。

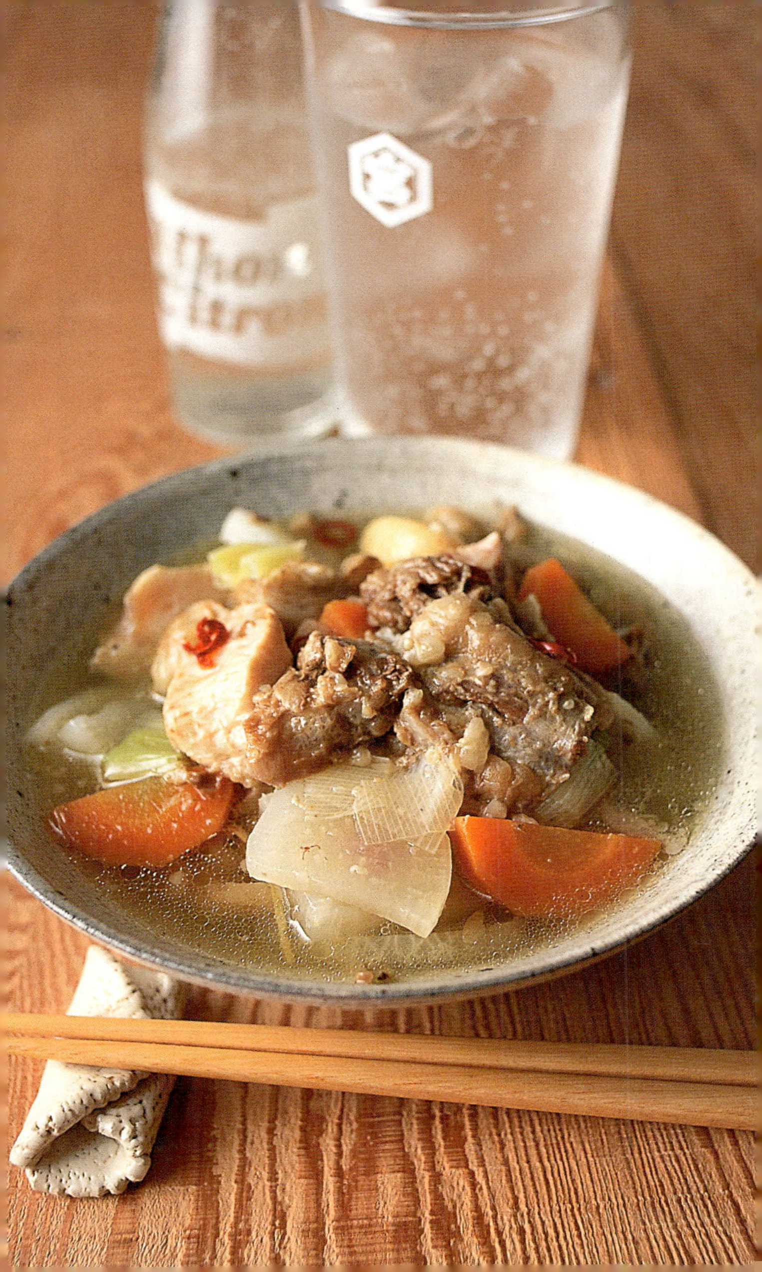

ゆで豚の海苔ぽん酢

一 豚肉は長さを半分に切り、塩を加えた熱湯でさっとゆでて冷水に取り、ザルに上げて水けをきる。

二 貝割れ大根は洗って根を切り、ざく切りにする。

三 ボウルに一、二、もみ海苔を入れ、ポン酢で和えて器に盛る。

［材料2人分］
豚バラ薄切り肉 ･･････150g
塩 ･･････････････少々
貝割れ大根 ･･････1パック
もみ海苔 ･････････1/2枚分
ポン酢(市販) ･･････大さじ3

鶏手羽先の酢煮

一　鍋に鶏手羽先とAを入れ、強火で煮立ててアクを取る。

二　落としぶたをして、さらに上からふたをし、弱火で20分ほど煮て、火を止める。

三　殻をむいたゆで卵（19頁）を加えて煮汁にひたし、そのまま冷ます。

ポイント
食べるときは、そのまま冷めたままでも、再加熱してあたたかくしても美味い。

[材料2人分]
鶏手羽先・・・・・・・・・・・・・6本
ゆで卵・・・・・・・・・・・・・・2個

A
- 砂糖・・・・・・・・・・・・大さじ3
- しょうゆ・酢・・・・・・各1/2カップ
- しょうがの薄切り・・・・3枚
- にんにくの半分切り・・1かけ分

豚肉じゃが

一、豚肉は5cmぐらいのざく切りにする。じゃがいもは皮をむいて一口大、にんじんは皮をむいて半月切り、玉ねぎはくし形に切る。

二、鍋に一、Aを入れてひたひたに水を加え、強火で煮立ててアクを取り、強めの中火にする。

三、煮汁が鍋底から2cmぐらいになるまで煮て、火を止める。器に盛り、好みで七味唐辛子をふる。

［材料2人分］
豚バラ薄切り肉 ……… 150g
じゃがいも ……… 2個
にんじん ……… 1/2本
玉ねぎ ……… 1/4個

A
┌ 砂糖 ……… 大さじ 1 1/2
└ しょうゆ ……… 大さじ 2 1/2

牛肉としらたきのすき煮

一　しらたきは水からゆでてアク抜きし、ザルに上げて冷ましてざく切りにする。

二　鍋に牛肉、一、Aを入れて強火にかけ、煮立ったら混ぜながら肉に火を通す。

三　器に盛り、卵を落として七味唐辛子をふる。

[材料2人分]
牛薄切り肉　……………200g
しらたき　…………1/2袋(100g)
A
├酒　………………大さじ2
├砂糖　……………大さじ1 1/2
└しょうゆ　………大さじ2
卵　………………………1個
七味唐辛子　……………適量

焼き物

鶏肉の素焼きハーブ塩

一 鶏もも肉はこしょうをふり、鶏レバーは大きめの一口大に切り、血のかたまりを取り除く。鶏ハツは半分に切って中の血管などを取り除く。

二 一はグリルまたは焼き網で、強火で素焼きにする。

三 もも肉は一口大に切り分け、レバー、ハツとともに器に盛り、混ぜ合わせたハーブ塩をふる。

アレンジ
生ハーブが手に入らなければ、黒こしょう入りの塩でもOK。

[材料2人分]
鶏もも肉(骨なし) ……… 1枚
鶏レバー ……… 100g
鶏ハツ ……… 4個
こしょう ……… 適量

ハーブ塩
生ハーブ(生ローズマリー、生タイム、生ディルなど)のみじん切り
……… 大さじ1
塩 ……… 大さじ3

> ポイント
>
> 鶏肉をハーブと塩だけで食べるシンプルな一品。鶏ハツは特にジンの香味とよく合う。

焼きみょうが

一 みょうがは縦半分に切る。

二 みょうがの切り口に、みそを好みの量だけぬる。

三 オーブントースターで、みそにやや焦げ目がつくまで焼く。

[材料 2 人分]
みょうが・・・・・・・・・・・・・・2〜3個
みそ・・・・・・・・・・・・・・・・・・適量

れんこんと長芋の塩焼き

一 れんこん、長芋は皮をむき、それぞれ厚さ7mmの輪切りにする。

二 グリルまたは焼き網で、やや焦げ目がつくまで香ばしく焼く。

三 器に盛って塩をふり、練りがらしを添える。

[材料2人分]
れんこん・・・・・・・・・・・・・・・5cm
長芋・・・・・・・・・・・・・・・・・・10cm
塩・練りがらし・・・・・・・・各適量

はんぺんのバター焼き

一 はんぺんは、片側に包丁で格子状に切れ目を入れる。

二 フライパンを熱してバターを溶かし、中火ではんぺんに焦げ目がつくまで両面を焼く。

三 最後にしょうゆをたらして香ばしく焼きつけ、器に盛る。好みで七味唐辛子をふり、さらにバター(分量外)をのせても。

[材料2人分]
はんぺん(大)・・・・・・・・・・・1枚
バター・・・・・・・・・・・・・・・小さじ2
しょうゆ・・・・・・・・・・・・・・小さじ2
七味唐辛子・・・・・・・・・・・適量

焼きたけのこ酢味噌がけ

一 ゆでたけのこは穂先4〜5cmは6つ割りに、その他は厚さ1cmの半月形に切る。

二 グリルまたは焼き網で、こんがり焦げ目がつくまで焼く。

三 器に盛り、混ぜておいた酢味噌をかける。

[材料2人分]
ゆでたけのこ･･･････････1個
酢味噌
 ┌砂糖・みそ･･････････各小さじ1
 │白みそ･･･････････････小さじ2
 └酢･･･････････････････小さじ2

焼き物

だし巻き卵

ボウルに卵を割り入れ、Aを加えてよくほぐす。卵焼き器を熱してサラダ油を多めにひき、卵液の1/4量を流し入れて広げ、半熟になったら片側に寄せる。

一

二 下記の要領で、全量の卵を焼く。

三 熱いうちに巻き簀において形をととのえ、粗熱がとれてから切り分ける。巻き簀がなければ、そのままフライパンにおく。器に盛り、紅しょうがを添える。

卵液の1/4量を流し入れ、半熟になったら片側に寄せる。 ①

空いたところにサラダ油をひき、卵液を適量流し入れる。 ②

先に焼いた卵を菜ばしで持ち上げ、その下にも卵液を流す。 ③

半熟になったら手前に巻き、再度片側に寄せる。 ④

これを繰り返し、全量の卵を焼く。 ⑤

巻き簀において形をととのえ、冷ます。 ⑥

［材料2人分］
卵 ・・・・・・・・・・・・・・・・ 3個
A
├ だし汁 ・・・・・・・・・・ 60cc
├ 塩 ・・・・・・・・・・・・・・ 小さじ1/3
└ 薄口しょうゆ ・・・・・・・ 小さじ1/2
サラダ油 ・・・・・・・・・・・・ 適量
紅しょうが（あれば）・・・ 適量

焼き牡蛎

一　牡蛎は水洗いして、殻の汚れを落とす。

二　フライパンに牡蛎を入れて酒を加え、ふたをして中火で5分ほど、蒸し焼きにする。

三　貝剥き(またはナイフ)で殻を開け、器に盛り、カットレモンを添える。好みでしょうゆをたらしても。

ポイント
貝剥き　牡蛎などの貝類をさばくときに、隙間に差し込んで殻をこじ開けたり、貝柱をはがしたりするときに使うナイフ状の調理器具。

[材料2人分]
牡蛎(殻つき)・・・・・・・・・8個
酒・・・・・・・・・・・・・・・・・・60cc
カットレモン・・・・・・・・・適量

鮭ハラスの西京焼き

一 ラップを広げて西京みその半量をぬり、その上に鮭ハラスをおく。鮭ハラスの上に残りのみそをぬり、ラップで包んで冷蔵庫に一晩(濃い味が好みなら二晩)おく。

二 焼くときは、みそを手でぬぐい、グリルまたは焼き網で焦げ目がつくまで弱めの中火でじっくり焼く。

三 器に盛り、好みで七味唐辛子を添える。

[材料 2人分]
鮭ハラス(生) ……… 150g
西京みそ ……… 大さじ3
七味唐辛子 ……… 適量

ラップで包んで冷蔵庫におく。

マッシュルームのチーズ焼き

一 フライパンを熱してバターを溶かし、中火でマッシュルームを炒める。

二 全体に焦げ目がついたら塩、こしょうをふり、白ワインを加えてふたをし、強火で2分ほど蒸し焼きにする。

三 ふたをとって粉チーズをまぶし、器に盛り、ローズマリーを散らす。

[材料 2人分]
- 生マッシュルーム ・・・・10個
- バター ・・・・・・・・・大さじ1(12g)
- 塩 ・・・・・・・・・・・小さじ1/3
- こしょう ・・・・・・・・少々
- 白ワイン(または酒)・・・・・小さじ2
- 粉チーズ・・・・・・・・・・・大さじ1
- ローズマリー(あれば)・・・適量

手づくり塩鮭

一 生鮭は全体に塩をふり、表面が乾かないようにラップで包む。

二 鮭から水分が出たらペーパータオルで拭き、冷蔵庫のチルド室に1週間おいて熟成させる。

三 食べるときは、グリルまたは焼き網でこんがり焼き上げる。

ポイント
熟成した鮭のうま味が日本酒を誘う。

[材料2人分]
生鮭の切り身・・・・・・・・・・2切れ
塩・・・・・・・・・・・・・・・大さじ1

生ホタテのバター醤油焼き

[材料 2 人分]
ホタテ貝（殻つき） …… 2 個
バター ……………… 大さじ 1
しょうゆ …………… 小さじ 2

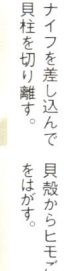

ナイフを差し込んで貝柱を切り離す。

貝殻からヒモごと身をはがす。

焼き物

一　ホタテ貝は貝殻の間にナイフを差し込み、貝殻から貝柱を切り離すようにして殻を開け、ヒモごと身をはがす。

二　身は塩水（水1カップに塩小さじ1が目安）でさっと洗って殻に戻し、殻ごとガス台にのせて中火で焼く。

三　最後にバター、しょうゆをたらし、粗塩（分量外）を盛った器にのせる。

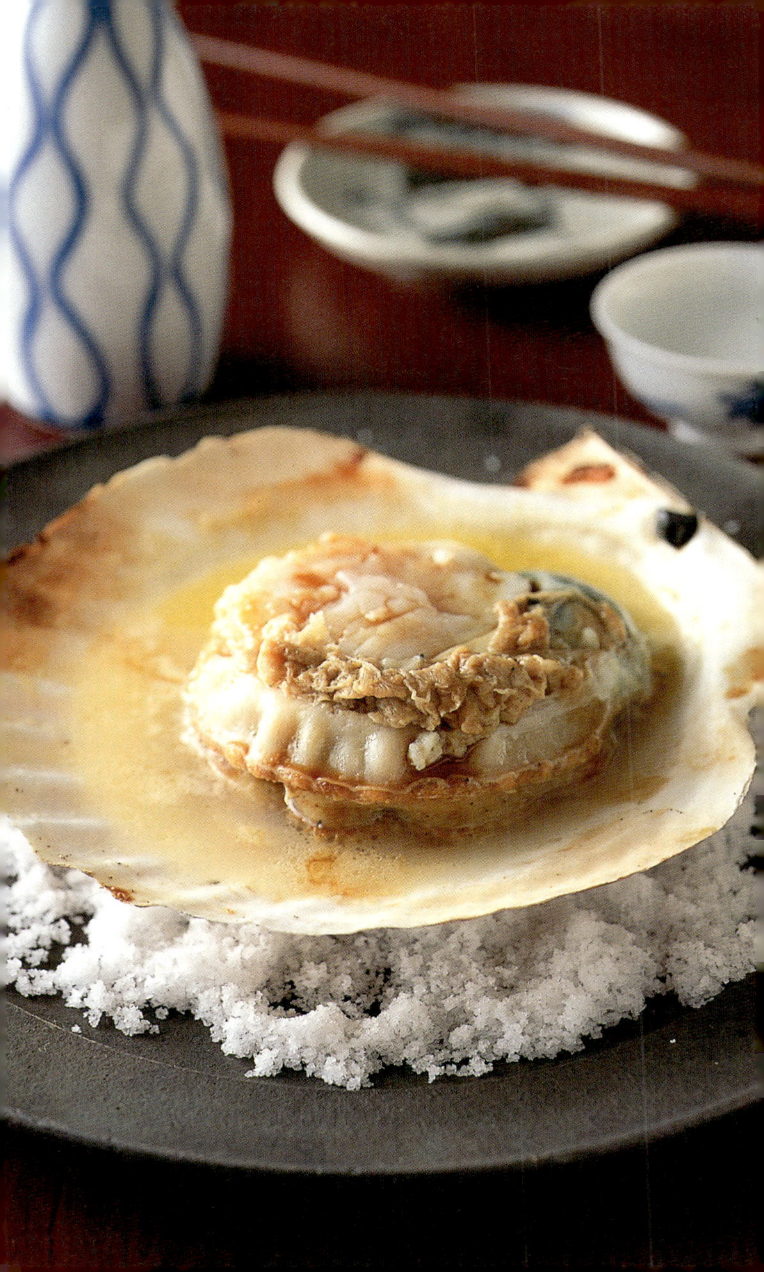

鴨の黒こしょう焼き

一 鴨肉は全体に塩、粗びき黒こしょうをまぶす。

二 フライパンを中火で熱し、油はひかずに鴨肉の皮目を下にして入れて焼く。十分に焦げ目がついたら裏返し、反対側も同様にして焼く。

三 肉の表面を手で押してみて、やや弾力があるぐらいの感じに焼けたら、火を止める。容器に取り出して粗熱を取り、薄切りにして器に盛る。

[材料2人分]
鴨むね肉・・・・・・・・・・・・・・・1枚
塩・・・・・・・・・・・・・・・・・・小さじ1½
粗びき黒こしょう・・・・・・・小さじ2

豚肉の味噌漬け焼き

一 器にみそとみりんを混ぜ合わせ、豚肉の両面にぬって20分おく。

二 みそを手でぬぐい、グリルまたは網焼きでさっと焼く。

三 器に盛り、好みで七味唐辛子をふる。

みそとみりんを混ぜたものをぬってしばらくおく。

［材料2人分］
豚ロース薄切り肉（厚さ5mmぐらい）
・・・・・・・・・・・・・・・・・・・・・・8枚
みそ ・・・・・・・・・・・・・・・100g
みりん ・・・・・・・・・・・・・・大さじ3
七味唐辛子 ・・・・・・・・・・・適量

鶏肉の塩釜焼き

一 鶏肉は全体にこしょうをふる。Aはボウルで混ぜ合わせる。

二 オーブンの天板にAの半量をしき、鶏肉をおいてローズマリーをのせ、残りのAをかぶせて手で押さえ、塩釜に形づくる。

三 180度に熱したオーブンで20分焼く。取り出して塩釜をはずして切り分け、器に盛る。

ポイント
塩釜は焼けたらすぐ外さないと、肉が塩辛くなり過ぎるので注意。

鶏肉をAで包んで塩釜にする。

[材料2人分]
鶏もも肉・・・・・・・・・・・・・・・1枚
こしょう・・・・・・・・・・・・・・・少々

A
├ 卵白・・・・・・・・・・・・・・・1個分
└ 粗塩・・・・・・・・・・・・・・・300g
生ローズマリー・・・・・・・・・・1枝

牛赤身肉のたたき

一　牛かたまり肉は、塩、粗びき黒こしょうをたっぷりすり込む。

二　フライパンを熱して油はひかずに牛肉を入れ、焦げ目がつくように全体をころがしながら強火で焼きつける。

フライパンから取り出し、粗熱を取る。

三　ほどよく焼き色がついたらバットなどの容器に取り出し、粗熱を取る。薄切りにして、万能ねぎとともに器に盛りつけ、練りわさび、しょうゆを添える。好みでポン酢で食べても。

ポイント
冷蔵庫のチルド室で1週間はもつ。

[材料4人分]
牛かたまり肉(赤身)　‥‥300g
塩　‥‥‥‥‥‥‥‥‥小さじ1
粗びき黒こしょう　‥‥‥適量
万能ねぎの小口切り　‥‥適量
練りわさび・しょうゆ　‥各適量

炒め物

豚白もつのピリ辛炒め

一、 鍋に豚白もつとたっぷりの水を入れて火にかけ、弱火で白もつがやわらかくなるまで約40分下ゆでし、ザルに上げる。

二、 フライパンを熱してサラダ油を薄くひき、洗って水けをきったもやしを強火でさっと炒めて塩、こしょうをふり、器に盛る。

三、 フライパンに一、にんにくを加えて強火で炒め、混ぜておいたAを加えて味をからめる。好みで、さらに一味唐辛子をふっても。

[材料 2人分]
豚白もつ……………………150g
もやし………………………1袋
サラダ油……………………適量
塩・こしょう………………各少々
にんにくの薄切り…………1かけ分

A
 しょうゆ……………………大さじ1
 砂糖…………………………大さじ1/2
 にんにくのすりおろし……小さじ1/3
 コチュジャン………………小さじ1

やわらかくなるまで下ゆでする。

グリーンアスパラの直炒め

一 グリーンアスパラは根元の固い部分を切り落とし、太い場合は縦半分に切ってから長さ4cmぐらいに切る。

二 フライパンを熱してオリーブ油、にんにくを入れ、中火で炒めて香りが立ったら一を加える。

三 しんなりするまで炒めたら塩、こしょうをふり、器に盛る。

[材料2人分]
グリーンアスパラ‥‥‥‥1束
オリーブ油‥‥‥‥‥‥‥大さじ1
にんにくの薄切り‥‥‥‥1かけ分
塩‥‥‥‥‥‥‥‥‥‥‥小さじ1/4
こしょう‥‥‥‥‥‥‥‥少々

炒め物

うどの皮ごときんぴら

一 うどは長さ5cm切ってから、短冊切りにする。

二 フライパンにごま油を中火で熱し、うどを炒める。

三 しんなりするまで炒めたら、めんつゆを加えて強火にし、汁けがなくなるまで炒めてでき上がり。

[材料2人分]
うど ・・・・・・・・・・・・・・・・1/2本(400g)
ごま油 ・・・・・・・・・・・・・・・大さじ2
市販のめんつゆ(3倍濃縮を原液のまま)
・・・・・・・・・・・・・・・・・大さじ2

コーンバター

一 粒コーンはザルに上げて、水けをきる。

二 フライパンを熱してバターを溶かし、一を加えて強火で炒める。

三 コーンに焦げ目がついたら塩、こしょうをふり、さっと混ぜ合わせて、火を止める。

ポイント
バターを少し焦がしぎみにすると美味い。

[材料2人分]
粒コーン(缶詰め)・・・・・・・1缶(130g)
バター・・・・・・・・・・・・・大さじ1(12g)
塩・こしょう・・・・・・・・・各少々

ウインナーエッグ

一 ウインナーソーセージは、包丁で斜めに切れ目を入れる。

二 フライパンを熱してサラダ油を薄くひき、ソーセージを転がしながら炒める。

三 ソーセージにほどよく焦げ目がついたらフライパンの片側に寄せ、卵を割り入れて好みの焼き加減に焼き、塩、こしょうをふる。器に盛り、トマトケチャップを添える。

[材料2人分]
ウインナーソーセージ ‥6本
卵 ‥‥‥‥‥‥‥‥‥2〜4個
サラダ油 ‥‥‥‥‥‥‥適量
塩・こしょう ‥‥‥‥各適量
トマトケチャップ ‥‥‥適量

おつまみしょうが焼き

一 キャベツは5㎝角ぐらいのざく切りにして、冷水にさらしてパリッとさせる。

二 フライパンを中火で熱してサラダ油を薄くひき、豚肉を広げながら並べて、しょうがを上から直接すりおろす。

三 肉の片面が焼けたら裏返し、両面に焦げ目がつくぐらいに焼いたら強火にし、Aを加えてからめる。キャベツを盛った器に盛り、好みでマヨネーズと七味唐辛子を添える。

[材料2人分]
豚肩ロース薄切り肉・・・・・150g
キャベツ・・・・・・・・・・2枚
サラダ油・・・・・・・・・・少々
しょうがのすりおろし・・・小さじ½
マヨネーズ・七味唐辛子　・・各適量
A
　┌ 酒・・・・・・・・・・・小さじ1
　└ しょうゆ・・・・・・・・小さじ2

昔風ナポリタン

一 スパゲッティは1％の塩を加えた熱湯（28頁）でやわらかめにゆで、ザルに上げる。

二 フライパンにサラダ油を中火で熱し、玉ねぎを透き通るまで炒める。

三 二に一、Aを加え、十分に味がなじむまで中火で炒め合わせる。器に盛り、好みでタバスコを添える。

[材料2人分]
スパゲッティ・・・・・・・・・・・・150g
玉ねぎのくし形切り・・・・・・1/2個分
サラダ油・・・・・・・・・・・・・・大さじ2

A
└ ミートソース（缶詰め）・・1/2缶（85g）
└ トマトケチャップ・・・・・・大さじ4
タバスコ・・・・・・・・・・・・・・・・適量

[材料 2 人分]
卵 ・・・・・・・・・・・・・・・・・ 3 個
にらのざく切り ・・・・・・・ 1 わ分
塩・こしょう ・・・・・・・・・ 各少々
サラダ油 ・・・・・・・・・・・・・ 大さじ 2
マヨネーズ ・・・・・・・・・・・ 適量

炒め物

にら玉

一 卵はボウルに割りほぐし、塩、こしょうを加えて混ぜる。

二 フライパンにサラダ油を中火で熱し、にらを炒めて、しんなりしたら一を流し入れ、炒め合わせる。

三 器に盛り、好みでマヨネーズをかける。

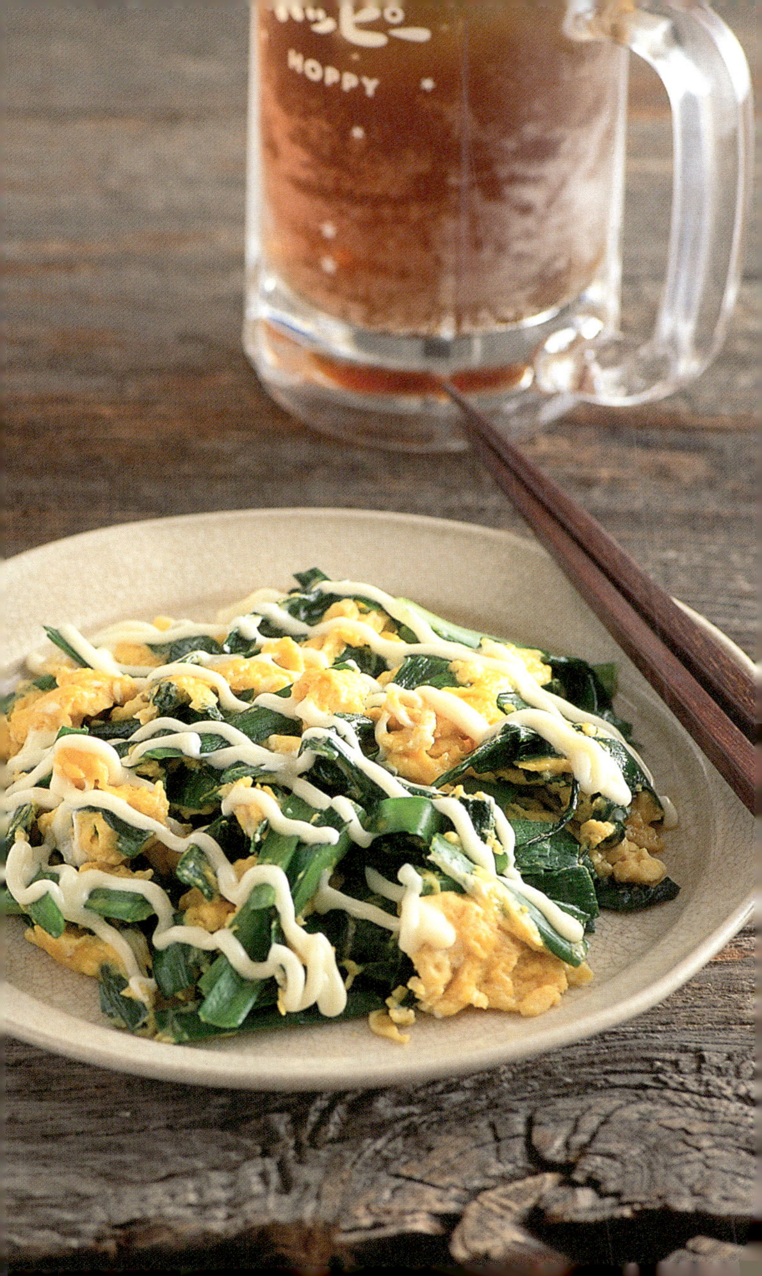
HOPPY

はんぺんキムチ炒め

一 はんぺんは2cm角に切り、白菜キムチはざく切りにする。

二 フライパンにごま油を中火で熱し、はんぺんに焦げ目がつくまで炒めて白菜キムチを加え、炒め合わせる。

三 仕上げにしょうゆをたらし、さっと混ぜ合わせて器に盛る。

[材料2人分]
はんぺん・・・・・・・・・・・・・1枚
白菜キムチ・・・・・・・・・・・・100g
ごま油・・・・・・・・・・・・・・大さじ1
しょうゆ・・・・・・・・・・・・・小さじ1

そうめんチャンプルー

一 そうめんは固めにゆでてザルに上げ、ごま油大さじ1をまぶしておく（ゆでたてのそうめんでは美味くできない）。

二 フライパンを熱してごま油大さじ1をひき、長ねぎをしんなりするまで中火で炒める。

三 一、Aを加えて炒め合わせ、いったんフライパンの片側に寄せる。空いたところに溶き卵を流し入れ、混ぜて半熟になったら、全体を炒め合わせる。器に盛り、Bをのせる。

[材料2人分]
- そうめん･････････････････2束
- ごま油･･････････････････大さじ2
- 長ねぎの斜め薄切り･････１/２本分
- 溶き卵･･････････････････1個分
- A
  - 塩････････････････････小さじ1/3
  - こしょう・しょうゆ････各少々
  - 鶏ガラスープの素（顆粒）････････････････････小さじ1/4
- B
  - 紅しょうが・削り節････各適量

牡蠣のガーリックバター炒め

一　牡蠣は薄い塩水で洗って水けを拭き、塩、こしょうをふって小麦粉を薄くまぶす。

二　フライパンにサラダ油を強火で熱し、牡蠣を並べ入れて表面が焦げるぐらいまで焼く。

三　中火にしてバター、にんにくを加えて炒め合わせ、牡蠣に火が通ったら火を止める。器に盛り、パセリを散らす。

ポイント
薄い塩水　水1カップに対して塩小さじ1/3が目安。

[材料2人分]
- 牡蠣（むき身）……10個
- 塩・こしょう……各少々
- 小麦粉……適量
- サラダ油……大さじ1
- バター……大さじ1（12g）
- にんにくのすりおろし……1かけ分
- パセリのみじん切り……適量

えびの黒酢炒め

一 えびは殻をむき、背側から包丁を入れ開いて背ワタを取り、Aをまぶす。

二 フライパンにごま油を中火で熱し、長ねぎをしんなりするまで炒める。強火にして一を加え、えびの色が変わるまで炒める。

三 混ぜておいた合わせ酢を加え、煮立ててからませて、器に盛る。

[材料2人分]
えび・・・・・・・・・・・・・・・10尾
A
  ├ 塩・こしょう・・・・・・・各少々
  └ 小麦粉・・・・・・・・・・大さじ1
ごま油・・・・・・・・・・・・・大さじ1
長ねぎの粗みじん切り・・・・10cm分

合わせ酢
  ┌ 砂糖・・・・・・・・・・・大さじ$\frac{1}{2}$
  ├ 塩・・・・・・・・・・・・小さじ$\frac{1}{4}$
  ├ 黒酢・・・・・・・・・・・大さじ$\frac{1}{2}$
  └ こしょう・・・・・・・・・・・少々

豚肉と高菜のピリ辛炒め

一 豚肉は4cmのざく切り、高菜漬けは粗みじん切りにする。

二 フライパンにごま油を中火で熱して赤唐辛子を軽く炒め、一、白ごまを加えて、肉に火が通るまで炒める。

三 仕上げにしょうゆをたらし、さっと混ぜ合わせて器に盛る。

[材料2人分]
豚バラ薄切り肉・・・・・・・・100g
高菜漬け・・・・・・・・・・・40g
赤唐辛子の輪切り・・・・・・・少々
白ごま・・・・・・・・・・・・適量
ごま油・・・・・・・・・・・・大さじ1
しょうゆ・・・・・・・・・・・小さじ1

いかとセロリの塩炒め

一 冷凍いかは解凍して短冊切り、セロリは斜め薄切りにする。

二 フライパンにごま油を熱し、いかとにんにくを強火でさっと炒める。

三 いかの表面の色が変わったら赤唐辛子、セロリを加え、しんなりするまで炒める。塩、こしょうで味をととのえて、器に盛る。

[材料2人分]
冷凍ロールいか‥‥‥‥‥100g
セロリ‥‥‥‥‥‥‥‥‥1本
にんにくの薄切り‥‥‥‥1かけ分
赤唐辛子の輪切り‥‥‥‥1本分
ごま油‥‥‥‥‥‥‥‥‥大さじ1
塩‥‥‥‥‥‥‥‥‥‥‥小さじ1/3
こしょう‥‥‥‥‥‥‥‥少々

揚げ物

豚天

一　豚肉は1cm角に切ってボウルに入れ、しょうゆ、溶き卵を混ぜて10分おき、下味をつける。さらに小麦粉を加え、混ぜ合わせる。

二　スプーンで一を小さめにすくい、170度に熱した揚げ油に落として揚げる。

三　二が浮き上がってきて、こんがりきつね色になったら引き上げ、油をきる。器に盛り、青じそ、練りがらしを添える。

[材料2人分]
豚バラかたまり肉 ……200g
しょうゆ ……………小さじ2
溶き卵 ………………1/2個分
小麦粉 ………………1/4〜1/3カップ
揚げ油 ………………適量
青じそ(あれば)・練りがらし
　………………………各適量

さきいかの天ぷら

一 ボウルに衣の材料を混ぜ合わせる。

二 さきいかはほぐして一にくぐらせ、170度に熱した揚げ油に入れる。衣がカリッと揚がったら引き上げ、油をきる。

三 器に盛り、マヨネーズと七味唐辛子を添える。

ポイント
さきいかは一度にたくさん入れると油の中で広がり危険なので、様子をみながら少しずつ揚げるように。

[材料2人分]
さきいか ……………… 20g
衣
├ 天ぷら粉 …………… 1/2カップ
└ 水 ………………… 1/2～1/3カップ

揚げ油 ………………… 適量
マヨネーズ・七味唐辛子
…………………………… 各適量

ポテトフライ

一 じゃがいもは洗って水けを拭き、皮つきのままくし形に切る。

二 160度に熱した揚げ油で揚げる。

三 中まで火が通ったら揚げ油の温度を180度に上げ、表面がカリッとなったら引き上げ、油をきる。器に盛って塩をふり、トマトケチャップ、マスタードを添える。

ポイント

揚げ油は少しずつ温度を上げていき、揚げ終わりが180度ぐらいになるようにするとカリッと仕上がる。

[材料 2 人分]
じゃがいも ・・・・・・・・・・・ 2 個
揚げ油 ・・・・・・・・・・・・・・・ 適量
塩・トマトケチャップ・マスタード
・・・・・・・・・・・・・・・・・・・ 各適量

ちくわチーズの磯辺揚げ

一　ちくわの穴にチーズをつめる。

二　ボウルに衣の材料を混ぜ合わせ、ちくわをくぐらせて170度に熱した揚げ油で揚げる。

三　食べやすく切って、器に盛る。

ポイント
青海苔の風味がほんのり薫る衣は、それだけ揚げても十分美味い。

[材料2人分]
ちくわ(小)・・・・・・・・・・・2本
スティックチーズ(プロセスチーズ)
　・・・・・・・・・・・・・・・2本
衣
　┌天ぷら粉・・・・・・・・・1/2カップ
　│青海苔・・・・・・・・・・大さじ1
　└冷水・・・・・・・・・・・1/3カップ
揚げ油・・・・・・・・・・・・・適量

紅しょうが天

一、紅しょうがは薄切りにする。

二、ボウルに衣の材料を混ぜ合わせ、紅しょうがをくぐらせて170度に熱した揚げ油でカリッとするまで揚げる。

三、器に盛り、好みで天つゆやウスターソースを添える。

ここで使ったのは、梅酢につけた自家製の紅しょうが。

[材料2人分]
紅しょうがのかたまり ・・40g
衣
　┌天ぷら粉 ・・・・・・・・・1/2カップ
　└水 ・・・・・・・・・・・・・1/3カップ
揚げ油 ・・・・・・・・・・・・・適量
天つゆ・ウスターソース ・・各適量

アレンジ
紅しょうがはかたまりが入手できない場合は、紅しょうがの千切りで代用しても。揚げるときは、小さめのかき揚げにする。

フライドさつまいも

一 さつまいもは両端を切り落とし、1cm角の長い棒状に切る。

二 160度に熱した揚げ油で揚げる。

三 中まで火が通ったら揚げ油の温度を180度に上げ、表面をカリッとさせて引き上げ、油をきる。器に盛り、塩をまぶす。

ポイント
中までざっくり揚がったさつまいもには、芋焼酎がよく合う。

[材料2人分]
さつまいも(中)・・・・・・・・1本
揚げ油・塩・・・・・・・・・・・・各適量

揚げシューマイ

一 揚げ油を170度に熱し、凍ったままのシューマイを入れる。

二 さっくりきつね色に揚がったら、引き上げて油をきる。

三 器に盛り、好みで練りがらし、しょうゆを添える。

[材料 2人分]
えびシューマイ(冷凍) ‥12個
揚げ油 ‥‥‥‥‥‥‥‥適量
練りがらし・しょうゆ ‥各適量

アレンジ
えびシューマイは、肉シューマイ(冷凍)に代えても。

里芋の唐揚げ

一、里芋は凍ったまま水洗いし、芋のまわりについている氷を溶かして水けを拭く。

二、160度に熱した揚げ油で、こんがりきつね色に揚げる。

三、中まで火が通ったら揚げ油の温度を180度に上げ、表面に焦げ目がつくまで揚げる。器に盛り、塩をふる。

ポイント
里芋の中まで火が通ったかを確認するには、竹串を刺してみてスッと通るようなら火が通っている証拠。

[材料2人分]
里芋(冷凍)・・・・・・・・・・・・・14個
揚げ油・塩・・・・・・・・・・・・各適量

わかめとしらすの天ぷら

一 塩蔵わかめは流水でさっと塩を洗い流し、ボウルに張った水に入れて固めに戻し、水けをきってからざく切りにする。

二 別のボウルに一、Aを入れて混ぜ、少しずつ水を加えながらひとまとまりになるぐらいの固さにする。

三 揚げ油を160度に熱し、二をスプーンでひとすくいずつ入れる。衣がカリッと揚がったら引き上げ、油をきる。器に盛り、そのまま食べる。

[材料 2人分]
塩蔵わかめ ……………… 30g
A
├ しらす ……………… 20g
├ 長ねぎの小口切り …… 2/3本分
├ 天ぷら粉 ……………… 1/2カップ
└ 水 ……………………… 75cc
揚げ油 …………………… 適量

玉ねぎリングフライ

[材料2人分]
玉ねぎ ……………… 1個
衣
　卵1個＋水 ……… 1/2カップ
　小麦粉 …………… 1/2カップ
　塩 ………………… 少々
パン粉・揚げ油 …… 各適量
ソース・トマトケチャップ・マスタード
　…………………… 各適量

揚げ物

一　玉ねぎは1cm幅の輪切りにし、輪をほぐす。

二　ボウルに衣の材料を混ぜ合わせ、一をくぐらせてパン粉をしっかりまぶす。

三　170度に熱した揚げ油できつね色に揚げて引き上げ、油をきる。器に盛り、好みでソースをかけ、トマトケチャップ、マスタードを添える。

ポイント
衣の「卵1個＋水」は、計量カップに卵1個を割り入れ、1/2カップ（100cc）の目盛りまで水を注ぐという意味（以下同）。

きつね色になるまで揚げる。　パン粉をしっかりまぶす。　玉ねぎを衣にくぐらせる。

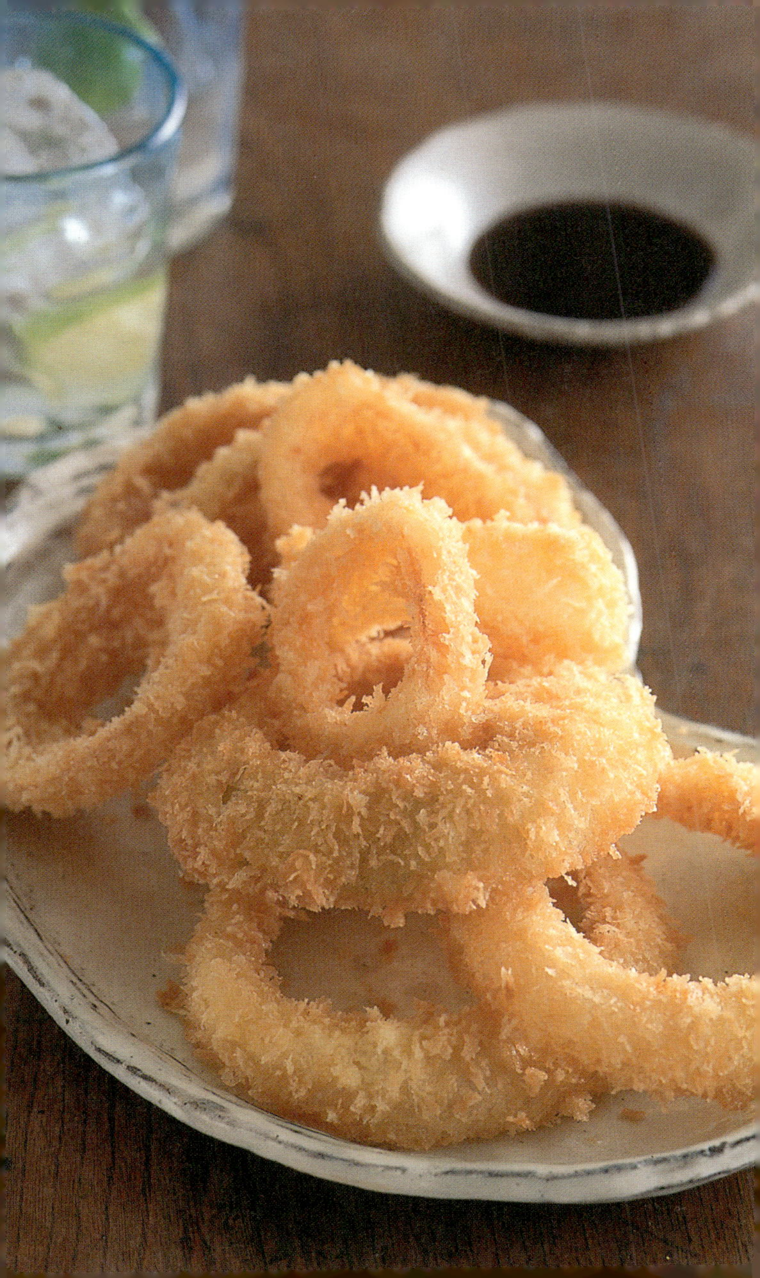

白身魚とスナップエンドウのビール揚げ

一 白身魚は骨と皮を取って一口大に切り、下味をまぶして5分おき水けをきる。スナップエンドウは筋を取る。ボウルにAを入れ、ビールを少しずつ注ぎながら混ぜて衣をつくる。

二 白身魚を衣にくぐらせ、170度に熱した油でカリッと揚げて引き上げ、油をきる。スナップエンドウも揚げる。

三 器に盛って塩をふり、カットレモンを添える。好みで酢、マスタードなどもよく合う。

[材料2人分]
白身魚の切り身(鯛、すずき、生だら、ボラなど) ……2切れ
下味
├ 牛乳……………………大さじ2
└ 塩・こしょう…………各少々
スナップエンドウ……12個

A
├ 塩………………………ひとつまみ
└ 小麦粉…………………1カップ
ビール……………………2/3カップ
揚げ油……………………適量
塩・カットレモン………各適量

魚肉ソーセージの アメリカンドッグ

一 魚肉ソーセージは長さを4等分して、爪楊枝を2本ずつ刺す。

二 ボウルに衣の材料を混ぜ合わせ、一の爪楊枝を持って衣をたっぷりつける。

三 160度に熱した揚げ油できつね色に揚げる。器に盛り、トマトケチャップとマスタードを添える。

［材料2人分］
魚肉ソーセージ ……………1本
衣
├ ホットケーキミックス ‥100g
├ 卵 ……………………1個
└ 牛乳 …………………150cc

揚げ油 ………………………適量
トマトケチャップ・マスタード
　……………………………各適量

豚レバーにんにく唐揚げ

一 豚レバーは厚さ1cmに切り、にんにくは薄皮をむく。

二 ボウルにAを混ぜ合わせ、レバーを15分ほど漬けてから水けをきり、小麦粉をまぶす。

三 180度に熱した揚げ油でカラッと揚げ、油をきって器に盛る。

レバーはAに漬けて下味をつける。

[材料2人分]
豚レバー・・・・・・・・・・・・・・・150g
にんにく・・・・・・・・・・・・・・4粒

A
┌ にんにくのすりおろし・・1かけ分
│ 酒・・・・・・・・・・・・・・・・・・小さじ2
└ しょうゆ・・・・・・・・・・・・小さじ2
小麦粉・揚げ油・・・・・・・・各適量

重ねハムカツ

一 ハムは2枚を重ねてこしょうをふる。Aは混ぜて衣をつくる。

二 ハムは2枚重ねたまま衣にくぐらせ、パン粉をまぶす。

三 180度に熱した揚げ油できつね色になるまでさっと揚げ、油をきる。食べやすく切って器にキャベツとともに盛り合わせ、ソースを回しかけて練りがらしを添える。好みで塩、しょうゆで食べても。

[材料2人分]
ハム・・・・・・・・・・・・8枚
A
　小麦粉・・・・・・・・・・½カップ
　卵1個＋水・・・・・・・・½カップ
　（102頁参照）
パン粉・・・・・・・・・・適量
キャベツの千切り・・・・・適量
揚げ油・・・・・・・・・・適量
ソース・練りがらし・・・・各適量

食パンのソーセージロール

一 食パンは耳を切り落とし、片面に粒マスタードをぬる。

二 一はウインナーソーセージを芯にして巻き、巻き終わりに爪楊枝を刺して留める。

三 フライパンを熱してサラダ油を多めにひき、2を転がしながら中火で焼く。全体に焦げ目がついたら取り出して油をきり、爪楊枝を抜いて一口大に切る。器に盛り、ローズマリーを飾る。好みで粒マスタード、トマトケチャップを添えても。

[材料2人分]
食パン（サンドイッチ用）
・・・・・・・・・・・・・・5〜6枚
ウインナーソーセージ・・・・5〜6本
サラダ油・・・・・・・・・・・・適量
ローズマリー（あれば）・・・・適量

転がしながらパンに焦げ目をつける。

ビフカツ串

一 牛肉は2cm幅ぐらいに切って塩、こしょうをふり、ししとうはヘタを取る。それぞれ竹串に刺す。

二 ボウルに衣の材料を混ぜ合わせ、一をくぐらせてパン粉をまぶす。

三 180度に熱した揚げ油でさっと揚げ、油をきる。器に盛り、ソース、マスタードを添える。

ポイント
ステーキ用肉でつくることにより、とろけるような味わいの串カツとなる。

[材料2人分]
牛ステーキ肉・・・・・・・・1枚
ししとう・・・・・・・・・・12本
衣
　卵1個＋水・・・・・・・・2/3カップ
　（102頁参照）
　小麦粉・・・・・・・・・・1カップ
　塩・・・・・・・・・・・・少々
パン粉・・・・・・・・・・・適量
揚げ油・・・・・・・・・・・適量
ソース・マスタード・・・・・各適量

お役立ちコラム
素材の活用と保存

余った刺身の活用法

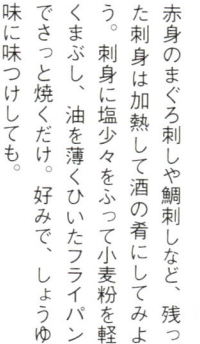

赤身のまぐろ刺しや鯛刺しなど、残った刺身は加熱して酒の肴にしてみよう。刺身に塩少々をふって小麦粉を軽くまぶし、油を薄くひいたフライパンでさっと焼くだけ。好みで、しょうゆ味に味つけしても。

キムチの漬け汁の活用法

白菜キムチの残った漬け汁は、捨てずにちょっとした料理の隠し味として活用してみよう。たとえば、野菜炒めの味つけに少量加えたり、チャーハンやスープなどの仕上がりに少しだけ入れて風味づけする。たったそれだけで、味に深みが出る。

湿気た海苔の活用法

湿気てしまった海苔は、ただ火であぶるだけではパリパリにはなっても風味は戻らない。そんなときは、海苔の片面にごま油をぬって塩とごまを適量ふりかけ、フライパンで焼いてみよう。香ばしい韓国風海苔のでき上がりだ。もしくは、海苔の佃煮にしたいなら、海苔5枚に対してめんつゆ大さじ1、みりん大さじ1/2の割合で鍋に入れ、焦げつきに注意して煮つめてみよう。酒のあてにぴったりな一品になる。

だしをとった昆布の活用法

だしをとった昆布は、油で素揚げにしておつまみに活用してみよう。つくり方は簡単。昆布を適当な大きさに切って低温の油で揚げるだけ。パリパリに揚がったら器に盛り、塩をふる。とりあえずビールの一品にも最適。

節分の豆の活用法

節分の煎り豆が余ったら、それを使って炊き込みご飯をつくってみよう。米は普通にといで酒、塩各少々を加え、豆を好みの量だけ加えて普通に水加減して炊くだけ。炊き上がったら、しゃもじで全体を軽く混ぜてでき上がり。器に盛り、あればみつばのざく切りを散らせば完璧。

焼き鮭の皮の活用法

焼き鮭などで残った皮は、香ばしく焼いて酒の肴に活用しよう。アルミ箔を

ひいたオーブントースターの受け皿に皮をのせ、カリカリに焼けばでき上がり。好みで、塩をふったりしょうゆで味つけしたり、バターをのせてもいい。

じゃがいもの使い分け

コロッケや粉ふきいもをつくるなら、ホクホクした食感のある男爵いもがおすすめ。カレーや煮物など、じゃがいもに味をしみ込ませたい料理に使うなら、煮崩れしにくいメイクイーンが最適だ。

しょうがの皮について

根しょうがの辛みや香りは、皮と身の間に多く含まれている。煮物などの料理で薄切りにする場合は、皮つきのまま使おう。絞り汁を調味料として使いたい場合も皮はむかずにすりおろしたほうがいい。ただし、千切りにして和え物に添えるときや、薬味用にきれいにすりおろしたい場合は、皮はできるだけ薄くむいてするようにしたい。

魚介のむき身の洗い方

えびやあさり、牡蠣のむき身は、真水で洗うとうま味が抜けてしまうから、必ず塩水で洗うようにしよう。塩水の分量の目安は、水3カップに対して塩小さじ2ぐらい。ボウルに塩水を用意したらザルにむき身を入れ、ザルごとボウルにつけて左右に数回ふるようにしてふり洗いする。

黒こしょうと白こしょう

黒こしょうは実を皮ごと乾燥させたもので、強い辛みと香りが特徴。ステーキやソテーなどの肉料理に使うと味が引きしまる。白こしょうは実を水に浸してから皮を除いて乾燥させたもので、辛みや香りは黒こしょうよりも控えめ。シチューやグラタン、マリネやピクルス、魚料理の仕上げなど、あまりこしょうの色を目立たせずに、ほんのり香りをつけたい料理に使うことが多い。

からしとマスタード

からしというと通常は和がらしをいい、マスタードは洋がらしのことをさす。どちらもからし菜の種子が原料だが、和がらしは生をつぶした粉末からつくられ、ツンとする辛さと香味が特徴。チューブ入りと缶入り（粉末）がある。マスタードには酢や塩が含まれ

ており、和がらしより辛さは抑えめ。粒マスタードとペースト状のフレンチマスタードがあり、主にビンづめとチューブ入りで売られる。和がらしは、おでんや揚げ物、ぬたなど主に和食に多く使われ、洋がらしはローストビーフ、サンドイッチ、サラダ、料理のソースなど洋食に多用される。

七味唐辛子と一味唐辛子

一味唐辛子は赤唐辛子を粉末にした香り豊かな日本の唐辛子で、さまざまな料理の辛みづけに使われる。七味唐辛子は一味唐辛子に陳皮（干したみかんの皮）、粉ざんしょう、ごま、麻の実、青海苔、けしの実、シソの実などを混ぜ合わせたもので、香りがいいので麺類や鍋物、焼き鳥などの薬味に多用される。

葉つき野菜を買ったら

かぶ、セロリ、大根、にんじんなど葉がついたまま売っている野菜は、そのままだと葉が水分や養分を吸い取ってしまい、身のうま味も減るので注意しよう。買ってきたらすぐに葉を根元から切り落とし、身と分けて保存すれば鮮度が長持ちする。

ごぼうの保存方法

泥つきごぼうは日持ちするので、新聞紙に包んで冷暗所におけば1週間〜10日は保存できる。洗いごぼうは泥つきごぼうほど日持ちしないので、濡らした新聞紙に包んでビニール袋に入れ冷蔵庫の野菜室で保存しよう。

きゅうりの保存方法

きゅうりは乾燥しやすいので、いったんキッチンペーパーを水でぬらしたもので保湿してから包み、冷蔵庫の野菜室で保存する。できれば立てて保存するほうが、より長持ちする。

しょうがの保存方法

しょうがは丸のまま野菜室におくよりも、密閉容器に水を入れた中につけて保存するほうが長持ちする。ただし、その際は3〜4日に一度は水を取り替え、容器も洗う必要がある。こうすれば途中で干からびることもなく、しょうがを使いきるまで保存できる。

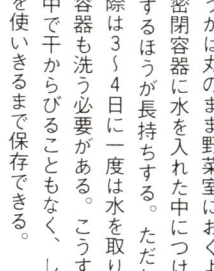

白菜は冷暗所で保存

冬の鍋料理などに大活躍する白菜は、冷蔵庫ではなく冷暗所で立てて保存しよう。新聞紙に包んでおけば、冬場なら1ヶ月以上は長持ちする。

冷蔵庫に入れない野菜

さつまいも、長芋、里芋などの芋類、かぼちゃ、アボカド、泥つきごぼう、玉ねぎなどの野菜は、低温に弱いので冷蔵庫には入れずに冷暗所で保存すること。

冷凍できる野菜と果物

ほうれん草、チンゲンサイ、かぼちゃ、もやし、ピーマンなどは、いったんゆでてから冷まして冷凍用保存袋などに入れれば冷凍保存が可能。果物は、ほとんどのものが冷凍可能だが、バナナ、グレープフルーツ、オレンジは皮をむいてから冷凍したほうがいい。またパイナップル、桃、メロン、スイカなどは、一口大に切って冷凍すればそのままシャーベットとして楽しめる。

油揚げの冷凍保存

油揚げを冷凍したいときは、熱湯を回しかけて油抜きしてから保存する。使いやすい大きさに切り分けたらラップで平らに包み、冷凍用保存袋に入れて冷凍保存する。

納豆の冷凍保存

納豆はたれとからしを抜き取り、パックのまま冷凍庫に入れれば2週間はもつ。パックから出して、ラップで平らに包んで冷凍してもいい。いずれも、食べるときは常温で自然解凍してから。

あさりの冷凍保存

あさりは傷みやすいので、買ってきた日に使わないなら冷凍保存したほうがいい。薄い塩水につけて冷暗所において砂出し（49頁）し、よく洗って冷凍用保存袋に平らに入れ冷凍庫へ。使うときは凍ったまま加熱調理する。

しらす・じゃこの冷凍保存

しらすは傷みやすいので、すぐに使わないなら冷凍保存しよう。小分けにしてラップに包み、冷凍用保存袋に入れて冷凍保存する。ちりめんじゃこは、

しらすのように冷凍しても固まらないので、そのまま冷凍用保存袋に入れて冷凍する。

練り物の冷凍保存

ちくわ、さつま揚げなどの練り物は、すぐに食べないなら冷凍保存する。封を切ってないものはそのまま冷凍庫へ。開封したものは、一つずつラップで包んで冷凍用保存袋に入れ冷凍すれば2〜3週間はもつ。使うときは凍ったまま切ることもできるし、そのまま加熱調理できるので大変便利。ただし、かまぼこは冷凍保存に向かないので賞味期限内に使い切ること。

薬味は冷凍保存できる

長ねぎや万能ねぎの小口切りなどは、多めに切って冷凍用密閉容器に入れ冷凍保存しよう。使うときは、凍ったまま必要分だけ取り出してそのまま使えるから便利。また、大根おろし、しょうがのすりおろし、にんにくのすりおろしなどの薬味も、多少風味は落ちるが冷凍保存してもかまわない。ラップに1回分ずつ小分けにして冷凍し、使うときは必要分だけ取り出し、自然解凍して使う。

パンの保存方法

余った食パンは、固くなる前に1枚ずつラップして冷凍保存しよう。食べるときは凍ったままトースターで焼けばOK。フランスパンの場合は、好みの大きさに切ってから冷凍保存し、常温で自然解凍してから使うようにする。

冷凍保存できない素材

豆腐、こんにゃく、かまぼこ、生卵、ゆでたけのこ、ハムのかたまり、牛乳などは、凍ると素材の風味が損なわれるので冷凍には向かない。生野菜も水分が多いので、基本的には冷凍に不向き。生のまま冷凍してから解凍すると組織がほとんどくずれてしまう。

調理法・その他

じゃがいもを早くゆでるには

レンジでチンが手っ取り早い方法だが、ほっこりやわらかゆでたいなら鍋ゆでが一番。調理時間を短縮したい場合は、金串をなるべくじゃがいもの中心に刺してからゆでるといい。これで熱伝導率がよくなり、普通にゆで

るよりもかなり時短できる。

大根おろしの極意

大根おろしはおろし方次第で、風味や口当たり、水分量などがかなり違ってくる。正しくすりおろすには、大根を適当な長さに切って縦2つか4つ割りにし、おろし金に対して直角に当てて繊維を断つように直線的に上下に動すようにする。横や斜めだと長い繊維が残り食感が悪くなる。さらに直線的でなく丸く円を描くようにすると、水分が多く出過ぎて水っぽいものになってしまう。いずれにしても、大根おろしは食べる直前にするのが重要なポイント。おろしてから時間がたつと、ビタミンCがどんどん失われ風味も悪くなる。

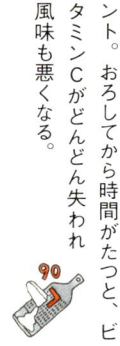

キノコ類は洗わない

しいたけ、しめじ、えのきだけ、まいたけ、エリンギなどのキノコ類は、水けが一番苦手。水で洗うと水っぽくなり風味も落ちるので、できれば洗わずに使いたい。どうしても汚れが気になる場合は、笠の表面の汚れなら湿らせたペーパータオルで拭うといい。しいたけの笠の内側のゴミが気になるときは、軸を切ってから笠の内側を下にしておき、上から包丁を寝かせてポンポン叩いて取り除くようにする。

ゆでても水にとらない青野菜

小松菜、ほうれん草、春菊などの青菜は、ゆでたら水に取りアク抜きするのが普通だが、ブロッコリー、グリーンアスパラ、きぬさや、そら豆などアクの少ない青野菜は、ゆでても水に取らずにザルに上げ、あおいで冷ますようにする（水に取って冷ますほうが色はよい）。水につけると味がぼやけてうま味も損なう。

冷めた揚げ物の再加熱

トンカツ、コロッケ、天ぷらなど、油で揚げた食材の再加熱には、オーブントースターが大変便利。クシャクシャにしたアルミ箔を受け皿に広げ、その上に食材のせて加熱するだけ。アルミ箔のしわが余分な油をきり、衣もカラッと仕上がる。ただし厚みのあるものはそのままだと先に表面が焦げてしまうので、全体をアルミ箔で包んでから加熱するといい。

魚のあらは野菜と煮る

ぶり大根や鯛のかぶと煮といった魚のあら炊きは、濃厚なうま味とともに独特の生ぐささやクセがあるので、大根やごぼう、長ねぎといった野菜と一緒に炊き合わせるのが美味しさの秘訣。野菜が魚の生ぐささなどを消してくれて、しかもその野菜自体は魚のうま味をたっぷりと吸い込んで、驚くほどおいしく仕上がる。

つけ合わせは和洋で違う

焼き魚などに添える大根おろしやすだちなどのつけ合わせは、和食では前盛りと呼び、魚の手前（やや右寄り）におくのがルール。反対に、ムニエルやステーキなどの洋風料理では、つけ合わせはメインが食べやすいよう向こう側に盛るのが基本になっている。

切り方で違う包丁使い

大根、きゅうり、ごぼうなどの野菜を輪切りにするときは、包丁は上から下ろすようにして切るのではなく、包丁は刃の中ほどを使い、やや斜めに入れて向こう側に押すようにして切るといい。こうすれば、切り口もきれいに仕上がるし切りやすい。また野菜を斜め切りにする場合は、包丁は刃先から入れ手前に引くようにして切るのが基本だ。

魚をおろすときの便利技

魚をおろすとき、直接まな板の上でやると血や腹ワタなどで汚れ臭いも残るので、敬遠しがちな人も多いだろう。そんなときは、新聞紙を数枚重ねてまな板の上におき、その上でさばくようにしてみよう。こうすれば不要な腹ワタなどは新聞紙ごと丸めて捨てられるし、いやな臭いも残らないから後片づけの手間が省ける。

みその紙は捨てない

市販のみそは、パッケージを開けると表面に薄い紙が覆っているのはご存知の通り。これはみその酸化を防ぐ特殊な紙なので、誤って捨てないよう注意。みそを取り出したらなるべく平らに表面をならし、空気を入れないように上から紙を貼っておこう。

調理器具・台所回り

ステンレスのくすみ落とし

大根、にんじん、きゅうりなどの野菜の切れ端にクレンザーをしみ込ませ、シンクのステンレスを磨いてみよう。くるくる回すようにして磨くと、傷もつかずに驚くほどピカピカになる。これはステンレス製の鍋がくすんだときにも応用できる。

まな板の黒カビ対処法

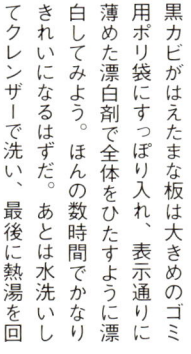

黒カビがはえたまな板は大きめのゴミ用ポリ袋にすっぽり入れ、表示通りに薄めた漂白剤で全体をひたすように漂白してみよう。ほんの数時間でかなり白くなるはずだ。あとは水洗いしてクレンザーで洗い、最後に熱湯を回しかけて殺菌し、乾燥させる。

鍋の焦げつき落とし

鍋が焦げついたら、金属タワシで強引にこすったりするのは傷もつくし禁物。そんなときは鍋に水を張って酢少々を入れ、ゆっくり煮てみよう。焦げが浮き上がってきたら湯を捨て、スポンジでこすればかなりきれいになるはずだ。

焼き網の焦げつき落とし

焼き網にこびりついた焦げは、いやな臭いの原因にもなり厄介なもの。そんなときは、アルミ箔をクシャクシャにしたもので磨いてみよう。スポンジでやるよりもかなり汚れが落とせるはず。こびりつきがひどい場合は、焼き網をいったん火にかけて熱してからこすると、さらに効果的だ。ただしその場合は、火傷に十分注意して。

魚焼きグリルの便利技

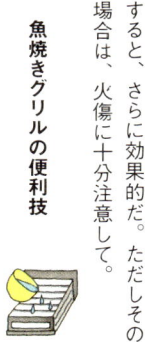

魚焼きグリルの受け皿に、水ではなく米のとぎ汁を入れて魚を焼いてみよう。魚から落ちる脂は、水よりもとぎ汁のほうが吸収するから、水だけでは大変だった受け皿の脂汚れがグッと洗いやすくなる。

茶渋を落とす極意

湯飲みや急須にこびりついた茶渋を落とすには、みかんの皮が有効。少し乾燥しかかったみかんの皮に塩をまぶして磨けば、こびりついた茶渋がみるみるきれいに取れる。

和え物

なすの塩もみ

一 なすはヘタを取って縦半分に切り、斜め薄切りにする。

二 ボウルに一を入れて塩をふり、しんなりするまで手でもんで、水けを絞る。

三 器に盛り、練りがらし、しょうゆを添える。

[材料2人分]
なす …………………2本
塩 ……………………小さじ½
しょうゆ・練りがらし…各少々

力を入れ過ぎるとなすが折れるので、なるべくやさしくもむこと。

ゆでオクラのおかか和え

一 オクラはガクのまわりの固いところを包丁でむく。

二 塩を加えた熱湯でさっとゆでて、冷水に取り、そのまま冷ます。

三 二は斜め半分に切って器に盛り、削り節をのせ、しょうゆをかける。

[材料2人分]
オクラ･････････････1袋
塩････････････････少々
削り節・しょうゆ･･････各少々

キャベツの甘酢漬け

一 キャベツは4cm角に切る。

二 ボウルに甘酢の材料を入れて混ぜ、一を加えて手で軽くもむ。

三 キャベツがしんなりしたら、そのままおいて30分ほど漬け込む。

冷蔵庫に入れて冷たくして食べても。

[材料2人分]
キャベツ ……………… 4枚
甘酢
 ┌ 砂糖 ……………… 大さじ2
 │ 塩 ………………… 小さじ½
 │ 酢 ………………… ½カップ
 └ 赤唐辛子の輪切り …… 1本分

和え物

ゆでなすの ごま味噌和え

一 なすはヘタを取ってところどころ皮をむき、4つ割りにして長さを半分に切る。

二 塩を加えた熱湯で一をゆでて冷水に取り、ザルに上げて水けをきる。

三 器に盛り、混ぜておいたごま味噌をのせる。食べるときは全体を和えて。

[材料2人分]
なす・・・・・・・・・・・・・・・・・2本
塩・・・・・・・・・・・・・・・・・・少々

ごま味噌
みそ・・・・・・・・・・・・・・小さじ2
すりごま・・・・・・・・・・・大さじ1
砂糖・・・・・・・・・・・・・・小さじ1
しょうゆ・・・・・・・・・・・小さじ1/2

にらともやしのおひたし

① にらは根元の固い部分を切り落として4cmのざく切りにする。もやしは気になるならひげ根を取る。

② 塩を加えた熱湯で一をさっとゆで、ザルに上げて水けをきる。

③ ボウルに二を入れ、めんつゆで和えて器に盛る。

```
[材料2人分]
にら ……………………1わ
もやし …………………1/2袋
塩 ………………………少々
市販のめんつゆ（3倍濃縮を原液のまま）
　………………………大さじ2
```

[材料2人分]
鶏皮 ・・・・・・・・・・・・・・ 2枚
ポン酢(市販) ・・・・・・・・ 大さじ1
万能ねぎの小口切り ・・・・ 適量

アレンジ
鶏皮は炒めるのではなく、酒少々を加えた熱湯でゆでてもよい。

和え物

鶏皮ポン酢

(一) 鶏皮は8mm幅の細切りにする。

(二) フライパンを中火で熱してあたため、一を入れて脂が出るまで軽く炒める。

(三) 二は余分な脂をきってから器に盛り、ポン酢をかけて万能ねぎを散らす。

鶏皮は油をひかずに炒める。

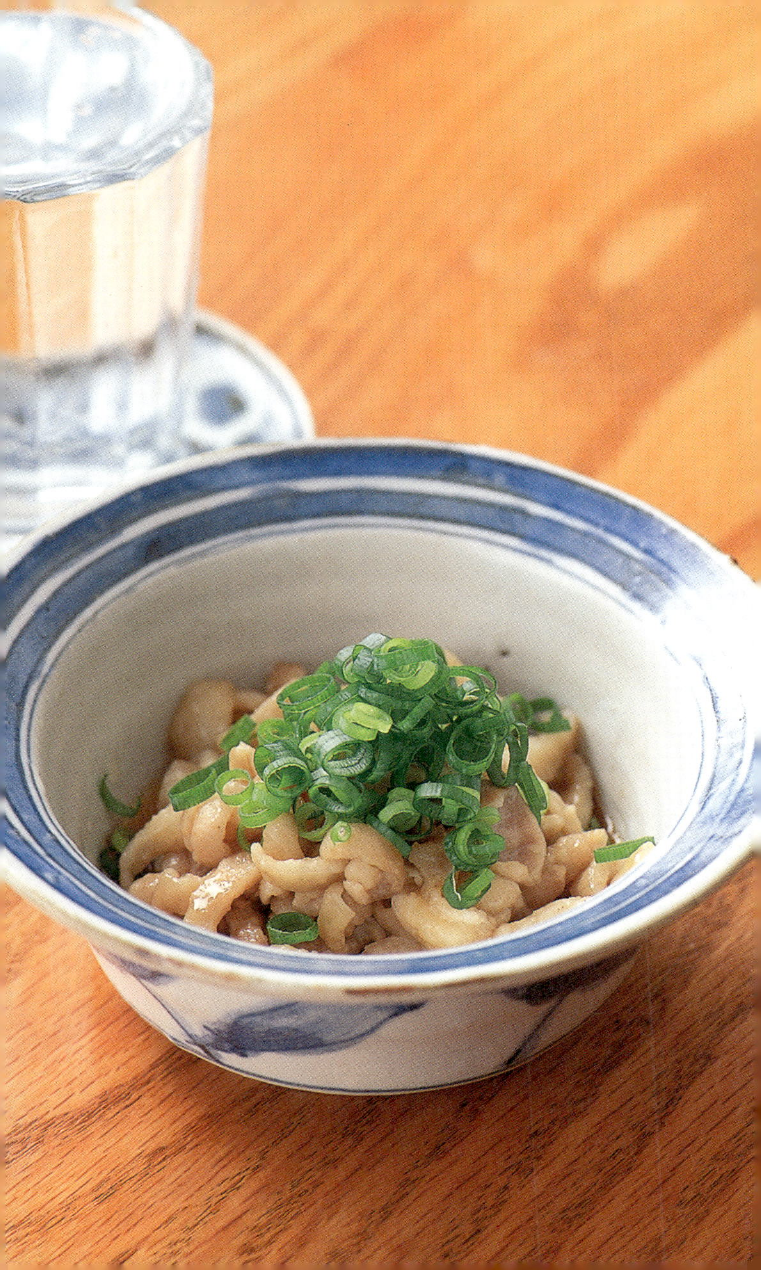

かつおのからし醤油和え

一 かつおの刺身は、厚さ7mmぐらいに切り分ける。

二 ボウルにAを混ぜ合わせ、一を加えて3分ほど漬けて味をなじませ、汁けをきる。

三 器に盛り、穂じそをのせて練りがらしを添える。

［材料2人分］
かつおの刺身‥‥‥‥‥‥1/4尾
A
├ しょうゆ‥‥‥‥‥‥大さじ2
├ 練りがらし‥‥‥‥‥小さじ1/2
└ みりん‥‥‥‥‥‥‥小さじ2

穂じそ（あれば）・練りがらし
‥‥‥‥‥‥‥‥‥‥‥各少々

セロリのヨーグルト漬け

一 セロリは筋を取り、1cm角の棒状に切る。

二 容器にAを入れて混ぜ、一を加えて冷蔵庫に30分以上おく。

三 冷たく冷やしてから、器に盛る。

セロリはAに漬けて冷蔵庫におく。

[材料2人分]
セロリ・・・・・・・・・・・・・1本
A
├プレーンヨーグルト・・・・1/3カップ
├にんにくのすりおろし・小さじ1/4
└塩・・・・・・・・・・・・・・・小さじ1

アレンジ
ヨーグルト風味のインド風漬物サラダ。カレー粉など、好みのスパイスを加えても。

かぶのからし漬け

一 かぶは葉を切り落とし、厚さ5㎜の半月形に切る。

二 容器にAを入れて混ぜ合わせ、一を加えてしんなりするまで20分ほどおく。

三 器に盛り、練りがらし(分量外)を添える。

かぶがしんなりするまで漬け込む。

[材料2人分]
かぶ‥‥‥‥‥‥‥‥‥2個
A
　練りがらし‥‥‥‥‥小さじ½
　しょうゆ・水‥‥‥‥各大さじ2

アボカドのディップ

一 アボカドは種に沿って縦にぐるりとひと回り包丁を入れ、手でねじって割り種を取る（38頁）。皮をむいてボウルに入れ、すりこぎなどでつぶす。

二 トマトは1.5㎝角に切って一に加え、Aを入れてトマトをつぶないようにさっくり混ぜ合わせる。

三 フランスパンに適量ずつのせて、器に盛る。

[材料2人分]
アボカド･････････････1/2個
トマト(中)･････････････1個
A
　にんにくのすりおろし･･1/2かけ分
　塩･････････････小さじ2/3
　こしょう･････････････少々
　レモン汁･････････小さじ1
　タバスコ･････････････適量
フランスパンの薄切り････適量

豆腐

高野豆腐のトンカツ

一 高野豆腐はぬるま湯に浮かべるようにして戻し、両手ではさんで水けを絞る。大きさを半分に、さらに厚みを半分に切り、それぞれ豚肉で巻いて塩、こしょうをふる。

二 ボウルに衣の材料を混ぜ合わせ、一をくぐらせパン粉をまぶす。180度に熱した揚げ油できつね色に揚げ、油をきる。

三 食べやすく切って器に青じそとともに盛りつけ、しょうゆをかける。好みでポン酢、ソースなどで食べても。

[材料2人分]
高野豆腐 ……………… 2枚
豚バラ薄切り肉 ……… 8枚
塩・こしょう ………… 各適量
衣
　卵1個+水 …………… ½カップ（102頁参照）
　小麦粉 ………………… ½カップ
　塩 ……………………… 少々
パン粉・揚げ油 ……… 各適量
青じそ（あれば）・しょうゆ・各適量

ポイント
摩訶不思議な軽さが
サックリ美味いトン
カツ味の高野豆腐。

大阪風湯豆腐

一 豆腐は一口大に切る。

二 鍋に一とAを入れて弱火にかけ、沸騰直前まであたためる。

三 器に汁ごとよそい、とろろ昆布、万能ねぎをたっぷりのせる。

ポイント
つゆは市販の白だし(ビン入り)でつくっても。

[材料2人分]
豆腐 ・・・・・・・・・・・・・1丁
A
 ┌ 関西風うどんの汁の素(粉末)
 │ ・・・・・・・・・・・・・1袋(うどん一杯分)
 └ 水 ・・・・・・・・・・・・・2カップ
とろろ昆布・万能ねぎの小口切り
・・・・・・・・・・・・・・・・・・各適量

海苔がけ湯豆腐

一　豆腐は一口大に切る。

二　鍋に一とめんつゆを入れて弱火にかけ、沸騰直前まであたためる。

三　器に汁ごとよそい、もみ海苔、長ねぎをたっぷりのせる。

ポイント
もみ海苔の香ばしさが酒を誘う静岡風湯豆腐。

[材料2人分]
豆腐・・・・・・・・・・・・・・・・・1丁
市販のめんつゆ（かけ汁ぐらいの濃さ）
・・・・・・・・・・・・・・・・・・2カップ
もみ海苔・・・・・・・・・・・・・・1枚分
長ねぎの小口切り・・・・・・・7cm分

温やっこ

一　豆腐は一口大に切る。

二　鍋に一とAを入れて弱火にかけ、沸騰直前まであたためる。

三　豆腐の水けをきって昆布とともに器に盛り、削り節、長ねぎをのせてしょうゆを気持ち多めに回しかける。

［材料2人分］
豆腐‥‥‥‥‥‥‥‥‥‥‥1丁
A
　だし昆布（5cmぐらい）‥1枚
　水‥‥‥‥‥‥‥‥‥‥2カップ
削り節‥‥‥‥‥‥‥‥‥‥適量
長ねぎの小口切り‥‥‥‥7cm分
しょうゆ‥‥‥‥‥‥‥‥‥適量

鶏スープ湯豆腐

一 鶏肉は2cm角に切って鍋に入れ、Aを加えて、肉がやわらかくなるまで20分ほど弱火で煮る。

二 豆腐は食べやすく切って鍋に加え、あたたまったら塩を加える。

三 味をみて塩でやや濃いめにととのえ、器に汁ごとよそって万能ねぎを散らす。好みでこしょうをふっても

[材料2人分]
豆腐・・・・・・・・・・・・・・・・・1丁
鶏もも肉・・・・・・・・・・・・・・100g
A
　鶏ガラスープの素(顆粒)・・小さじ1
　水・・・・・・・・・・・・・・・・3カップ
塩・・・・・・・・・・・・・・・・・小さじ1
万能ねぎの小口切り・・・・・適量

変わり冷やっこ5種

[豆腐]

豆腐はすべてペーパータオルにのせて軽く水切りしたものを½丁ずつ使う。

◎ねぎザーサイのっけ

ザーサイ ……15g
（市販のビンづめでも可）
長ねぎのみじん切り‥5cm分
ごま油 ………小さじ2
しょうゆ ………少々

ザーサイはさっと洗って（ビンづめの場合はそのまま）塩抜きせずに千切りにし、豆腐にのせて長ねぎを散らし、ごま油、しょうゆをかける。

◎白菜キムチのっけ

白菜キムチ ……50g
しょうゆ ………少々

キムチはざく切りにして豆腐にのせ、好みでしょうゆをかける。

◎ねぎピータンのっけ

ピータン ………1個
長ねぎのみじん切り
………5cm分
しょうがの千切り・しょうゆ
………各少々

ピータンは泥を洗い流して殻をむき、粗みじん切りにして豆腐にのせ、長ねぎとしょうがを散らし、しょうゆをかける。

◎ねぎごまのっけ

すりごま ……大さじ2
長ねぎのみじん切り
………3cm分
ラー油・しょうゆ
………各少々

豆腐にすりごま、長ねぎをのせ、ラー油、しょうゆをかける。

◎彩りくずし豆腐

A
　長ねぎのみじん切り
　………5cm分
　みょうが4つ割りの小口切り
　………1個分
　青じそのみじん切り
　………2枚分
　きゅうりの5mm角切り
　………¼本分
　しょうがのみじん切り
　………小さじ1
しょうゆ ………少々

豆腐はボウルに入れ、指で細かくくずしてAを混ぜ合わせ、器に盛ってしょうゆをかける。

- ねぎザーサイのっけ
- 白菜キムチのっけ
- 彩りくずし豆腐
- ねぎごまのっけ
- ねぎピータンのっけ

冷したぬき豆腐

一 豆腐はペーパータオルにのせて軽く水切りする。

二 手で食べやすくちぎり、器に盛る。

三 揚げ玉、長ねぎをのせて、めんつゆをかける。好みで七味唐辛子をふる。

［材料2人分］
豆腐・・・・・・・・・・・・・・・・・・・½丁
揚げ玉・・・・・・・・・・・・・・・・・大さじ3
長ねぎのみじん切り・・・・・5cm分
市販のめんつゆ（3倍濃縮を原液のまま）
・・・・・・・・・・・・・・・・・・・・・・大さじ2

厚揚げのピリ辛オイスターソース炒め

一 厚揚げは一口大に切る。

二 フライパンにサラダ油を中火で熱してAを加え、しんなりするまで炒める。

三 二に一、Bを加えて炒め、混ぜておいたCを加え、混ぜながら煮立てる。全体にとろみがついたら火を止め、器に盛る。

[材料2人分]
厚揚げ（6cm角のもの）‥‥2枚
サラダ油‥‥‥‥‥‥‥大さじ1
A
　にんにくのみじん切り‥小さじ1
　しょうがのみじん切り‥小さじ1
　長ねぎ4つ割りの小口切り
　‥‥‥‥‥‥‥‥‥‥10cm分
B
　豆板醤‥‥‥‥‥‥‥小さじ1/2
　オイスターソース‥‥‥小さじ1
　しょうゆ‥‥‥‥‥‥大さじ1
C
　水‥‥‥‥‥‥‥‥‥‥100cc
　片栗粉‥‥‥‥‥‥‥小さじ1

〆の一品

冷や汁

一　きゅうりは薄い小口切りにしてボウルに入れ、塩をふってしんなりしたら水けを絞る。みそはぬらしたしゃもじにぬり、焦げ目がつくまで直火であぶる。

二　冷たいだし汁に一のみそを溶き、きゅうり、すりごまを入れて豆腐をちぎりながら加える。

三　器にご飯を盛って二をかけ、一味唐辛子をふる。好みで青じその千切りを加えても。

ポイント
だしに煮干しやあじの干物を使わない簡単＆あっさり味の冷や汁。

みそは直火にかざして焦げ目をつける。

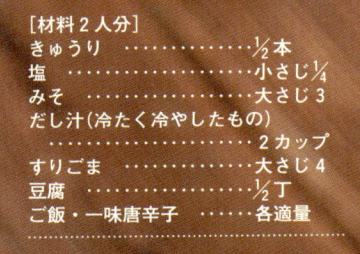

[材料 2 人分]
きゅうり …………… 1/2 本
塩 ………………… 小さじ 1/4
みそ ……………… 大さじ 3
だし汁(冷たく冷やしたもの)
　　　　……………… 2 カップ
すりごま …………… 大さじ 4
豆腐 ……………… 1/2 丁
ご飯・一味唐辛子 …… 各適量

塩七味唐辛子おむすび

一 両手を水でぬらし、塩少々を手に取って両手をこすり合わせ、あたたかいご飯を手にのせて、ふんわり握って食べやすい大きさの塩むすびをつくる。

二 好みの量の七味唐辛子をふりかける。

三 器に盛り、しば漬けなど好みの漬物を添える。

[材料2人分]
ご飯　　　　・・・・・・・・・・・・・400g
塩・七味唐辛子　・・・・・・各適量
しば漬け(市販)　・・・・・・・適量

うな茶

一 うなぎの蒲焼きは短冊切りにしてたれをかけ、電子レンジで2分加熱して、熱々のご飯と混ぜ合わせる。

二 鍋にだし汁を煮立てて、Aを加える。

三 器に一を盛って万能ねぎを散らし、熱々の二をかける。好みで粉ざんしょうをふっても。

[材料2人分]
うなぎの蒲焼き ······ 1尾分
添付のたれ ········ 大さじ1
ご飯 ·········· 茶碗に軽く4杯
だし汁 ········· 4カップ
A
└ 塩 ··········· 小さじ2/3
└ 薄口しょうゆ ····· 小さじ2
万能ねぎの小口切り ·· 5本分

深川風ぶっかけめし

一 長ねぎは縦4つ割りにして、長さ4cmぐらいに切る。

二 鍋にだし汁を煮立ててあさりを加え、さっと煮てからみそを溶き入れる。

三 器に盛ったご飯に二をかけ、七味唐辛子をたっぷりふる。

[材料2人分]
あさり(むき身)・・・・・・・・60g
長ねぎ・・・・・・・・・・・・・・・1本
だし汁・・・・・・・・・・・・・・・2⅔カップ
みそ・・・・・・・・・・・・・・・・・大さじ3
ご飯・七味唐辛子・・・・・各適量

鯛茶（やなぎがけ）

一　鯛の刺身は薄切りにしてボウルに入れ、Aを加えて混ぜ合わせる。

二　オクラは塩ゆでして冷水に取って水けをきり、ヘタを切って小口切りにする。

三　器にご飯を盛り、一をのせて二を散らし、熱湯をかける。

ポイント
だし汁を使わない簡単&あっさり味の鯛茶漬け。

[材料2人分]
鯛の刺身 ・・・・・・・・・80g
オクラ ・・・・・・・・・・2本
ご飯 ・・・・・・・・茶碗に軽く2杯
熱湯 ・・・・・・・・・・適量

A
- すりごま ・・・・・・・大さじ2
- しょうゆ ・・・・・・・大さじ2
- 長ねぎのみじん切り ・・大さじ3

大根菜めし

一　大根の葉は、塩少々を加えた熱湯でさっとゆでてザルに上げ、水けを絞ってみじん切りにする。

二　あたたかいご飯をボウルに入れ、一としらすを混ぜ合わせる。

三　味をみて、薄いようなら塩でととのえ、器に盛る。

ポイント
しらすのうま味が大根の葉の食感を引き立てる味わい深い一品。

[材料2人分]
ご飯‥‥‥‥‥‥‥‥‥‥‥300g
大根の葉‥‥‥‥‥‥‥‥‥50g
しらす‥‥‥‥‥‥‥‥‥‥大さじ2
塩‥‥‥‥‥‥‥‥‥‥‥‥適量

カレー汁かけめし

一　豚肉、にんじんは短冊切り、長ねぎは斜め薄切り、玉ねぎは薄切りにする。

二　鍋に一と水を入れ、中火で煮立ててアクを取り、7分煮る。

三　めんつゆ、カレー粉を加えてひと煮立ちさせ、器に盛ったご飯にかける。

カレー粉は最後に加える。

[材料2人分]
豚薄切り肉	50g
にんじん	1/4本
長ねぎ	1本
玉ねぎ	1/4個
水	4カップ
市販のめんつゆ（3倍濃縮を原液のまま）	75cc
カレー粉	大さじ1
ご飯	適量

ねこめしおむすび、みそおむすび

[材料2人分]
ご飯　……………………400g
削り節　……………… 7g
しょうゆ　………………大さじ1½
みそ　……………………適量
きゅうりの塩もみ　……適量

一　あたたかいご飯の半量をボウルに入れ、削り節、しょうゆを加えて混ぜ合わせ、ふんわり握って食べやすい大きさのねこめしおむすびをつくる。

二　残りのご飯はそのまま握って同様におむすびをつくり、全体にまんべんなくみそをぬる。

三　器に盛り、きゅうりの塩もみを添える。

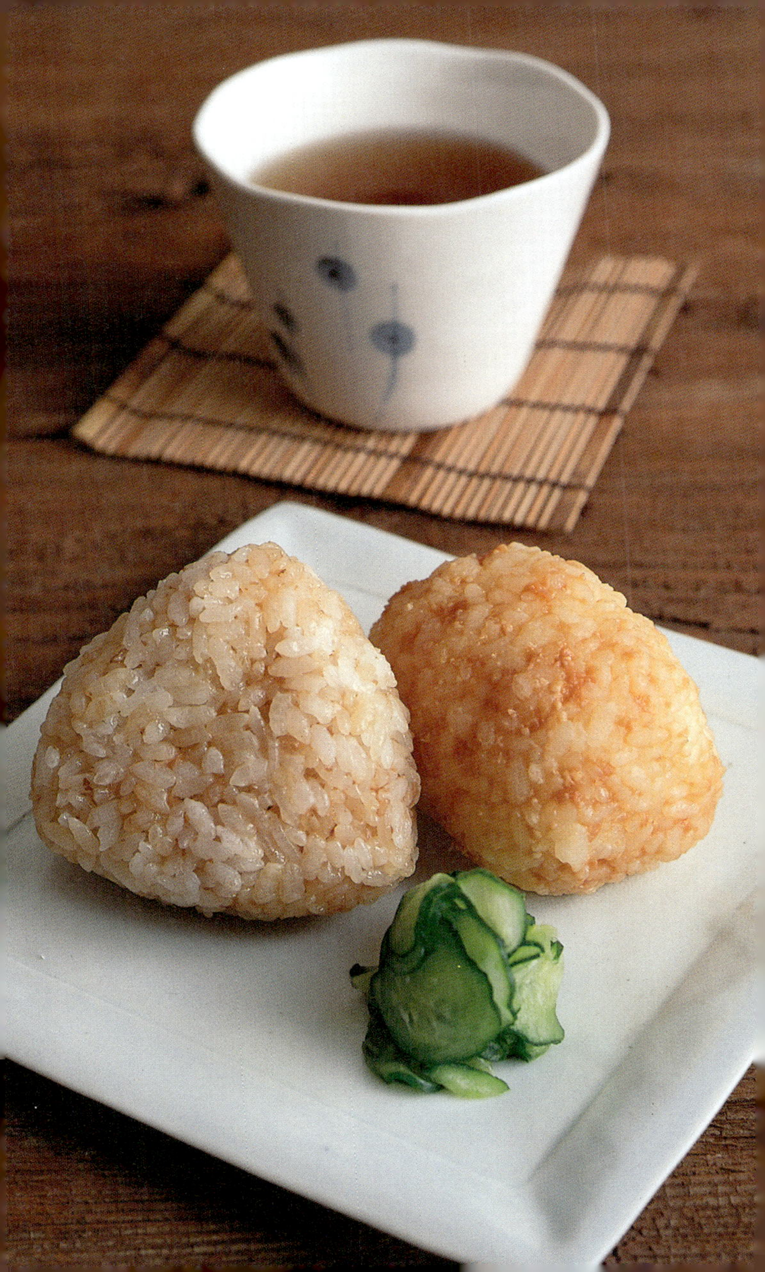

越前風おろしそば

1. めんつゆに大根おろしを汁ごと加え、混ぜ合わせる。
2. そばは好みの固さにゆでて冷水に取り、冷たく冷やしてザルに上げ、水けをきる。
3. 器に二を盛って一をかけ、貝割れ大根、削り節を添える。

[材料 2人分]
生そば･････････････2玉
大根おろし･････････････1カップ
市販のめんつゆ（つけ汁ぐらいの濃さ）
･････････････1カップ
貝割れ大根･････････････少々
削り節･････････････2g

キムチそうめん

一 そうめんは好みの固さにゆでて冷水に取り、もむように洗ってぬめりを取り、ザルに上げて水けをきる。

二 めんつゆにキムチの漬け汁少々を加え、混ぜ合わせる。

三 器に一を盛り、ざく切りにしたキムチをのせて二をかけ、万能ねぎをのせる。

[材料2人分]
そうめん ・・・・・・・・・・・・ 4束
白菜キムチ ・・・・・・・・・60g
市販のめんつゆ（つけ汁の濃さよりやや薄め）
・・・・・・・・・・・・・・・・・・・・・・・・・・1カップ
万能ねぎの斜め切り ・・・・・・・・・・・・適量

タイピーエン（春雨入り中華スープ）

一、豚肉、にんじんは短冊切り、白菜は2cm幅のざく切り、長ねぎは斜め薄切り、しいたけは石づきを取って薄切りにする。

二、春雨は熱湯で下ゆでしておく。

三、鍋に一、A入れて煮立ててアクを取り、具が煮えたら二を加え、さっと煮る。味をみて塩、こしょうでととのえて器に盛り、黒こしょうをふる。

ポイント
「タイピーエン」は熊本県の郷土料理で、日本でアレンジされた中華料理の一種。

[材料 2人分]
- 春雨 ……… 50g
- 豚薄切り肉 ……… 80g
- にんじん ……… 5cm(50g)
- 白菜 ……… 2枚
- 長ねぎ ……… 1本
- 生しいたけ ……… 2個

A
- 鶏ガラスープの素（顆粒） ……… 大さじ1
- 水 ……… 4カップ

塩・こしょう・黒こしょう ……… 各少々

温めかぶうどん

一 鍋にめんつゆを煮立てて、うどん汁をつくる。

二 熱湯で冷凍うどんをあたため、器に盛る。

三 二に一をかけてめかぶをのせ、しょうが、長ねぎをのせる。

[材料2人分]
冷凍うどん ……… 1玉
市販のめんつゆ（かけ汁の濃さ）
　……………… 1½カップ
めかぶ（小）……… 1パック
しょうがのすりおろし ‥小さじ⅓
長ねぎの小口切り …‥適量

[材料2人分]
鶏レバー ……………… 200g
鶏もも肉 ……………… 1枚
鶏ハツ ………………… 4個
水 ……………………… 2カップ
A
 酒 …………………… ¼カップ
 砂糖 ………………… 大さじ1½
 しょうゆ …………… 大さじ2½
ごぼうのささがき …… 5cm分(164頁)

小鍋立て

鶏レバーと鶏もも肉の鍋

一 鶏レバーは3cm角に切り、血管や黄色い脂肪を取り除く。鶏もも肉は一口大に切る。鶏ハツは半分に切り、中の血管などを取り除く。

二 鍋に鶏もも肉と水を入れ、やわらかくなるまで中火で20分ほど煮る。

三 Aを加えてレバー、ハツ、ごぼうを入れ、5分ほど煮てでき上がり。器に汁ごとよそい、好みで七味唐辛子をふる。

鶏レバー×鶏もも肉

白菜×豚バラ肉
白菜とん鍋

一　白菜、豚肉は食べやすい大きさのざく切りにする。

二　小鍋にAを入れ、一を加えて中火にかける。

三　煮立ったらアクを取り、白菜がやわらかくなるまで弱火で15分ほど煮る。器に汁ごとよそい、好みでこしょう、しょうゆで調味する。

[材料 2人分]
白菜･････････････････1/4株
豚バラ薄切り肉･･･････････200g
A
 ├ 水･････････････････3カップ
 ├ 鶏ガラスープの素（顆粒）
 │ ････････････････････小さじ2
 └ 塩････････････････小さじ2/3

[はまぐり×豆腐]

はまぐりとねぎの湯豆腐

一 はまぐりは薄い塩水につけて砂出し（49頁）し、殻をこすり合わせるようにして洗って水けをきる。豆腐は一口大に切る。

二 小鍋にだし昆布をしき、一を入れてひたひたに水を注ぎ、中火にかけて煮立ったらアクを取る。

三 はまぐりの口が開いたら長ねぎを加え、好みの味つけで食べる。

小鍋立て

[材料1〜2人分]
はまぐり ……………5個〜6個
豆腐 …………………½丁
だし昆布 ……………10cm
長ねぎの小口切り ……½本分

味つけ
└ しょうゆ・柚子こしょう・ポン酢
　………………………各適量

きのこ×油揚げ
きのこ鍋

一 しいたけは石づきを取って半分に切る。えのきだけは石づきを取り長さ5cmぐらいに切る。油揚げは短冊切り、長ねぎは油揚げと同じぐらいの短冊切りにする。

二 小鍋に一とめんつゆを入れて煮立て、長ねぎが煮えるまで3分ほど煮る。

三 器に汁ごとよそって、好みで七味唐辛子をふる。

[材料2人分]
生しいたけ･････････････2個
えのきだけ(小)･･･････1パック
しめじ･････････････1/3パック
なめこ･････････････････40g
油揚げ････････････････1/2枚
長ねぎ････････････････1/2本
市販のめんつゆ(かけ汁ぐらいの濃さ)
･･･････････････････････2カップ

[牛肉×水菜]

牛肉と水菜のすき焼き

一　牛肉は7cmぐらいのざく切りにし、水菜もざく切りにする。

二　小鍋にサラダ油または牛脂を溶かして牛肉を焼き、片面が焼けたら、砂糖、しょうゆ、酒の順にかけて煮る。

三　具を寄せて鍋の空いたところに水菜を入れ、ほどよく煮えたら卵を落とす。食べるときは卵をからめながら。好みで七味唐辛子をふっても。

小鍋立て

［材料1～2人分］
牛薄切り肉・・・・・・・・・・・・200g
水菜・・・・・・・・・・・・1パック
サラダ油（または牛脂）
・・・・・・・・・・・・適量
砂糖・・・・・・・・・・・・大さじ1強
しょうゆ・・・・・・・・・・・・大さじ2
酒・・・・・・・・・・・・大さじ3
卵・・・・・・・・・・・・1個

豚バラと大根の塩鍋

豚バラ肉 × 大根

一 豚肉は5cmぐらいに切り、大根は皮をむいて厚さ5mmの半月切りにする。

二 小鍋に水を入れて大根を加え、やわらかくなるまで中火で15分ほど煮る。

三 塩を加えて豚肉を入れ、肉に火が通ったらでき上がり。器に盛り、柚子こしょうで食べる。

[材料2人分]
豚バラ薄切り肉・・・・・・・・200g
大根・・・・・・・・・・・・・・8cm
水・・・・・・・・・・・・・・3カップ
塩・・・・・・・・・・・・・・小さじ1
柚子こしょう・・・・・・・・・適量

鶏もも肉×玉ねぎ

鶏肉と玉ねぎの甘辛鍋

一　鶏肉は大きめの一口大に切り、小鍋に入れて水を加え、やわらかくなるまで中火で20分ほど煮る。

二　玉ねぎはくし形に切り、焼き豆腐は8等分する。

三　一に二を入れてAを加え、玉ねぎがやわらかくなるまで煮る。好みで七味唐辛子をふっても。

小鍋立て

[材料1〜2人分]
鶏もも肉･････････････1枚
水･････････････････2カップ
玉ねぎ･････････････1/2個
焼き豆腐･･･････････1丁

A
┌ 酒・しょうゆ･･････各大さじ3
└ 砂糖････････････大さじ2

豚バラ肉 × レタス
豚肉とレタスのしゃぶしゃぶ

一 レタスは1枚ずつはがして、縦に3枚ぐらいに割く。たれの材料は混ぜ合わせておく。

二 小鍋に水、塩を入れて煮立てる。

三 レタス、豚肉を加えてさっと火を通し、好みのたれにつけて食べる。

ポイント
たれはポン酢だけのものと、ポン酢・すりごま・マヨネーズ各適量を混ぜ合わせたものの2種類用意する。

[材料2人分]
- 豚バラ薄切り肉‥‥‥‥‥200g
- レタス‥‥‥‥‥‥‥‥‥1個
- 水‥‥‥‥‥‥‥‥‥‥3カップ
- 塩‥‥‥‥‥‥‥‥‥小さじ1/2

たれ
- ポン酢(市販)‥‥‥‥‥適量
- すりごま・マヨネーズ‥各適量

[あさり×白菜]

あさりと白菜の磯鍋

一　あさりは薄い塩水につけて砂出しし(49頁)、殻をこすり合わせるようにして洗って水けをきる。白菜はざく切り、長ねぎは斜め薄切りにする。

二　小鍋にAと白菜、長ねぎを入れてひと煮し、あさりを加える。

三　あさりの口が開いたら、味をみて塩(分量外)でととのえ、器に汁ごとよそう。

小鍋立て

[材料1～2人分]
あさり(殻つき)・・・・・・・・200g
白菜・・・・・・・・・・・・・・・3枚
長ねぎ・・・・・・・・・・・・・1/2本

A
- だし汁・・・・・・・・・・・・・3カップ
- しょうゆ・・・・・・・・・・・小さじ2
- 塩・・・・・・・・・・・・・・・少々
- しょうがの千切り・・・・・少々

ごぼう×鶏もも肉
ごぼうと鶏肉の鍋

一 鶏肉は一口大に切り、小鍋に入れて水を加え、やわらかくなるまで中火で20分ほど煮る。

二 ごぼうはタワシで洗って表面の薄皮を取り、ささがきにして冷水にさらしてアク抜きし、水けをきる。せりは根元の固い部分だけを切り落とし、ざく切りにする。

三 一の鶏肉が煮えたらめんつゆを加え、二を入れてさっと煮る。器に汁ごとよそい、好みで七味唐辛子、粉ざんしょうなどをふる。

[材料1～2人分]
鶏もも肉･･････････････････1枚
水･････････････････････3カップ
ごぼう（細め）････････････1本分
せり･･････････････････････1わ
市販のめんつゆ（3倍濃縮を原液のまま）
･････････････････････1/4カップ

ささがきにしたごぼうは冷水にさらす。

牡蠣×大根

牡蠣と大根のしゃぶしゃぶ

一 牡蠣は薄い塩水で洗って水けをきる。大根は皮をむき薄い短冊切りにする。貝割れ大根は根元を切り落とす。

二 小鍋に水と大根を入れて煮立て、牡蠣、貝割れ大根を加えてさっと煮、にんにくじょうゆ（にんにくのすりおろしとしょうゆを適量ずつ混ぜたもの）やポン酢など、好みのたれで食べる。

ポイント
薄い塩水／水1カップに対して塩小さじ1/3が目安。

小鍋立て

[材料1～2人分]
牡蠣（むき身）・・・・・・・・・・10粒
大根・・・・・・・・・・・・・・・8cm
貝割れ大根・・・・・・・・・・1パック
水・・・・・・・・・・・・・・3カップ

にんにくのすりおろし・しょうゆ
・・・・・・・・・・・・・・各適量
ポン酢（市販）・・・・・・・・各適量

料理用語解説

【アクを取る】
肉や魚、野菜などを煮たりゆでたりするとき、沸騰すると表面に浮いてくるアクはお玉などでしっかり取り除くこと。こうすることで、料理がえぐみ(渋味や苦味など)のない上品な味わいに仕上がる。

【味をととのえる】
料理の仕上げに、味つけを好みで調整すること。

【落としぶた】
鍋よりひと回り小さく、煮物に直接のせるふたのこと。

【ざく切り】
主に青菜や白菜などの葉野菜を3〜4cmぐらいの幅でザクザクと不規則に切ること。薄切りにすると水分が出てくるので、肉などを切るときに使うことも。

【ひたひた】
材料を鍋や容器に入れて水分を注いだとき、材料が顔を出すか出さないかのすれすれの量。

【塩ゆで】
熱湯に少量の塩を入れてゆでたり、材料に塩をまぶしてから熱湯でゆでること。

【たっぷり】
鍋に平らに材料を入れ、倍以上の高さに水分を加えた状態。

【煮つめる】
煮汁を減らしながら煮ていく方法。調味料は残るので、煮汁は濃くなり材料に味がしみ込む。

【ひと煮する】
あたためる程度に軽く煮て、火を止めること。

【ひと煮立ち】
煮汁が煮立ってから、ほんの少しの間煮ること。

【ワタ】
魚介の内臓のこと。かぼちゃやゴーヤなど種を含んでいるやわらかい部分もこう呼ぶ。

基本のだし汁の取り方

●材料(約2 1/2 カップ分)
水 ・・・・・・・・・・・・・・・・・ 3カップ
だし昆布(5×10cm) ・・ 1枚
削り節 ・・・・・・・・・・・・・ 約30g

一.昆布を水にひたす
鍋に水とだし昆布を入れて、30分ほどつけておく。

二.火にかけて昆布を取り出す
中火にかけ、煮立つ直前、昆布から細かい気泡が出たら取り出す。

三.削り節を加える
沸騰させてから削り節を一気に加え、弱火にして1分ほど煮る。

四.火を止めしばらくおく
火を止めて、そのまま削り節が底に沈むまで1〜2分おく。

五.だし汁をこす
ボールにザル、その上にペーパータオルをのせ、だし汁をこす。

第二章

あともう一杯だけ呑みたいときの

サクッとつくれるおつまみレシピ集

クイックおつまみ
レシピ 35

**何かあと一品ほしいときや、とっさのときに素早くつくれる
おつまみばかりを集めました。後半の「文字だけレシピ25」
と合わせて活用してください。**

イラスト／みひら ともこ

アスパラガスの ナンプラー炒め

野菜類

グリーンアスパラ4～6本(100g)は根元の固い部分を3cmほど切り落として長さを3等分し、熱湯でさっとゆでてザルに上げ、水けをきる。フライパンにバター(またはオリーブ油)大さじ1を中火で溶かしてグリーンアスパラを炒め、バターがなじんだらナンプラー小さじ1を加え、さっと混ぜ合わせて黒こしょうをふる。

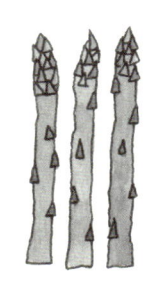

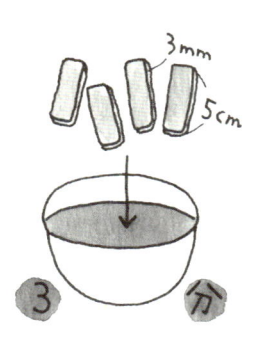

うどの酢味噌和え

うど½本は皮をむき、厚さ3mm長さ5cmの短冊切りにして3分ほど水にさらし、水けをきる。ボウルに砂糖・みりん・みそ各小さじ2、酢大さじ½を混ぜ合わせ、うどを和えて器に盛る。

きんぴらレンコン

れんこん1節は小さければそのまま薄切りにし、大きいものは半分に切ってから半月型の薄切りにする。フライパンにごま油大さじ1を中火で熱してれんこんを炒め、砂糖・しょうゆ各適量を加え、味をととのえる。汁けがなくなるまで炒め、器に盛り七味唐辛子をふる。

クレソンのごま和え

クレソン1束は根元を切り、塩少々を加えた熱湯でさっとゆでてザルに上げ、水けを絞って長さ3cmに切る。ボウルに砂糖小さじ1/2、しょうゆ大さじ1/2、黒すりごま大さじ2を混ぜ合わせ、クレソンを和えて器に盛る。その他の材料としては、ほうれん草、さやいんげん、スナップエンドウなどでも。

ゴーヤとじゃこの炒め物

ゴーヤ1/2本は縦半分に切り、種とワタをスプーンですくい取って5mm幅の小口切りにする。フライパンにサラダ油大さじ1を中火で熱し、ゴーヤを炒める。しんなりしたら、ちりめんじゃこ大さじ2を加えてカリカリになるまで炒め、仕上げに酒・しょうゆ各小さじ2を加え、器に盛る。

じゃがバター塩辛のせ

じゃがいも1個はラップをして電子レンジで5～6分加熱し、器に盛る。上から十文字に切り目を入れて熱いうちに皮を開き、塩少々をふって、いかの塩辛・バター各大さじ1をのせればでき上がり。バターは溶けやすいよう使う前に室温に戻しておくといい。

セロリのナンプラー漬け

セロリ1本は筋を取り、食べやすい大きさの長さ3～4cmに切り分け、鍋に沸かした熱湯でさっと湯通しして水けをきる。容器にナンプラー大さじ2、酢大さじ1を合わせたものにセロリを入れ、2時間以上漬け込んででき上がり。冷蔵庫で冷たく冷やしても。

大根サラダ

大根10cm分は、スライサーまたは包丁で繊維に沿ってごく細い千切りにし、器に盛る。ボウルにしょうゆ大さじ1、酢またはレモン汁小さじ2を混ぜ合わせ、大根の千切りにかけて削り節をたっぷりのせる。みょうがの細切りや貝割れ大根を加えても。

にんにくの丸ごと焼き

にんにくは丸のままアルミ箔で包み、オーブントースターで15〜20分焼く。竹串がすっと通るぐらいまで焼いたらアルミ箔を外し、さらに2〜3分焼いて皮に焦げ目をつける。ホクホクを塩、みそなど好みの味つけで。

ピーマンのおかか炒め

ピーマン2個は細切りにし、サラダ油大さじ1/2をひいたフライパンに入れ、じっくり弱火で4〜5分炒める。ピーマンがしんなりしたらしょうゆ少々をたらして全体にからめ、削り節をまぶしてでき上がり。ピーマンがしんなりするまで炒めるには、意外と時間がかかる。

ブロッコリーとトマトのポン酢和え

ブロッコリー1/2個は小房に分け、固い芯の部分は薄めに切り、塩少々を加えた熱湯でゆでてザルに上げる。トマト1個は1cm角ぐらいに切る。ボウルにポン酢(市販)大さじ2、オリーブ油小さじ1、黒こしょう少々、切ったトマトを入れて混ぜ合わせ、ブロッコリーを和えてでき上がり。

いかげそ焼き

魚介類

ボウルにしょうゆ・みりん各大さじ1を混ぜ合わせ、さばいて(P.21参照)食べやすく切り分けたいかの足を10分ほど漬け込む。水けをきってアルミ箔にのせ、オーブントースターまたはグリルで2～3分焼き、器に盛る。好みでカットレモン、七味唐辛子を添える。

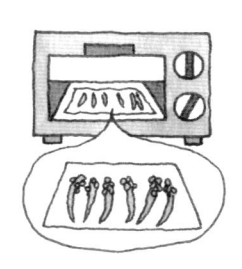

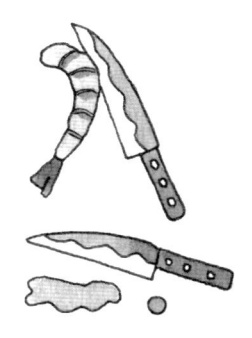

えびの梅肉和え

えび5～6尾は殻をむき、背側から包丁を入れて開いて背ワタを取り、酒少々を加えた熱湯でゆでてザルに上げる。梅干し2個は種を除いて身を包丁でたたき、削り節・しょうゆ・ごま油各少々と混ぜ合わせ、えびが完全に冷めてから和える。

牡蛎の味噌焼き

牡蛎(むき身)100gは塩水(水1カップに塩小さじ¼ぐらい)に入れてさっと洗い、ザルに上げて水けをきる。ボウルに酒・みりん・みそ各大さじ1を混ぜ合わせ、舟の形にしたアルミ箔にしいて牡蛎をのせる。アルミ箔をぴっちり包んでオーブントースターで6～7分焼く。

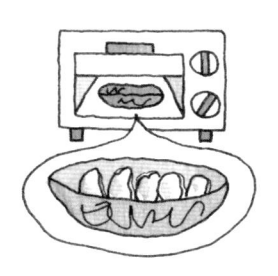

たことトマトのタバスコ風味

ゆでだこ100gは幅7～8mmの薄切り、トマト1個は1cm角、玉ねぎ1/4個は粗みじん切りにする。ボウルにオリーブ油・レモン汁各大さじ1、タバスコ・塩・こしょう各少々を混ぜ合わせ、材料をすべて入れて和える。器に盛ったら、水っぽくなる前に食べる。

生鮭とキノコのホイル焼き

生鮭1切れは、塩・酒各少々をふって10分おき、くさみ抜きをする。好みのキノコ(しいたけ、まいたけ、えのきだけなど)は石づきを取り、食べやすく切る。アルミ箔に生鮭、キノコをおいて赤みそをまんべんなくぬり、アルミ箔をぴっちり包んでオーブントースターで10～15分焼く。玉ねぎの薄切り、キャベツのざく切り、ピーマンの細切りなどを加えても。

まぐろアボカド納豆

納豆1パックは、添付のたれと混ぜ合わせて深めの器に盛る。まぐろの赤身(刺身用)30gとアボカド1/4個分は1cm角に切り、納豆とともに彩りよく盛りつけて練りわさびを添え、刻み海苔を散らす。食べるときは全体を混ぜてから、味をみてしょうゆでととのえる。

まぐろの醤油煮

鍋にだし汁1カップ、砂糖・しょうがの千切り各大さじ1、しょうゆ・みりん各大さじ$2\frac{1}{2}$を入れ、中火にかける。煮立ったらまぐろのぶつ切り（刺身用）100gを入れ、煮汁が減ってきたら弱火にし、汁けがなくなるまで煮つめる。

焼きタラバガニ

タラバガニ（生または冷凍）の足は、白いやわらかいところからキッチンバサミを入れて食べやすいように殻を内側部分だけ開ける。グリルまたは焼き網にのせて、ほどよい焦げ目がつくまで焼く。器に盛り、カットレモンまたは酢じょうゆを添える。

肉類・加工品

ささ身の明太和え

鶏ささ身は塩・こしょう各少々をふって小鍋に入れ、酒少々を加えて表面が白くなる程度に加熱し、冷めてから手で割く。辛子明太子はスプーンでしごいて中身を出して薄皮を取り、青じそ・みょうが・長ねぎ各適量はみじん切りにしてさっと水にさらし、水けをきる。ボウルにすべての材料を入れて和え、しょうゆで味をととのえる。

ソーセージとまいたけの
ガーリックソテー

ソーセージ4本は斜め半分に切り、まいたけ1パックはたべやすく割く。フライパンにオリーブ油小さじ1、にんにくの薄切り1/2かけ分を入れて弱火にかけ、香りが立ってきたらソーセージとまいたけを入れ、強火で焼きつけるように炒める。塩、こしょうで味をととのえて、でき上がり。

鶏手羽先の塩焼き

鶏手羽先は肉と骨の間に包丁で軽く切れ込みを入れ、焼く直前に塩少々を両面にふる。グリルまたは焼き網で両面をこんがり焼き、粗びき黒こしょうをふる。器に盛り、好みでカットレモン、七味唐辛子を添える。

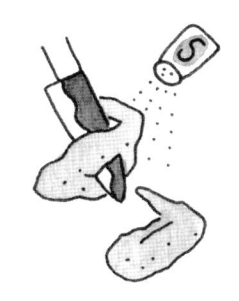

鶏肉と大根の鍋

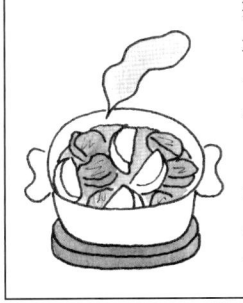

鶏骨つきぶつ切り肉200gは小鍋に入れ、水を8分目ほど加えて中火にかける。煮立ったらアクを取り、肉が骨から離れるほどやわらかくなるまで煮る。大根5cm分は厚さ1cmの半月切りにして鍋に加え、煮汁が足りなくなったら水を足し、10分ほど煮る。器によそって、柚子こしょうかポン酢で食べる。

豚肉とキャベツのマヨ炒め

フライパンに豚肉(こま切れ、もも薄切り肉、バラ肉など)とキャベツを適量入れ、油をひかずに中火で炒める。肉に火が通ったらマヨネーズを多めに加え、まんべんなく炒め合わせてでき上がり。好みで黒こしょうをふっても。

揚げそばチップ

その他

蒸しそばまたは乾麺は、ほぐして低温に熱した揚げ油で揚げる。麺の中までカリカリになったら器に盛り、塩少々をふる。同じ要領でパスタを揚げてもおいしくできる。味つけは、好みのスパイスやハーブ(粉末)などを使ってもいい。麺を揚げるときの注意点としては、一度にたくさん入れないこと。入れすぎると油があふれ出す危険性がある。

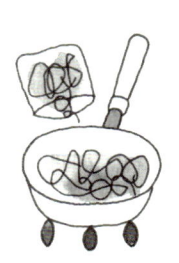

油揚げと大根の湯豆腐

油揚げ1枚は3cm角に切り、大根10cm分は皮をむき千切りにする。小鍋に昆布をしいて水を6分目ぐらいまで入れ、昆布がのびたら4cm角に切った豆腐½丁、油揚げ、大根を入れて中火にかけ、煮立つ直前にとろ火にする。器にたれ(削り節・長ねぎの小口切り・しょうゆ各適量)を入れ、煮汁で好みの味に薄めながら具をつけて食べる。

油揚げの納豆つめ焼き

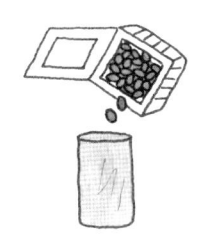

油揚げ1枚は短いほうの辺を1cmほど切り落とし、破らないよう注意して袋状に開く。納豆1パックに添付のたれとからし、長ねぎの小口切り適量を混ぜ合わせ、開いた油揚げの中に、切り落とした部分を刻んで一緒につめ、爪楊枝で口を留める。オーブントースターまたはフライパンで焼き色がつくまで焼き、しょうがじょうゆを添える。

貝割れ卵焼き

ボウルに卵2個を割りほぐし、塩少々を加えて混ぜる。フライパンにサラダ油を中火で熱して卵液を流し入れ、半熟になったらざく切りにした貝割れ大根をのせる。片面に火が通ったら裏返し、反対側も焼いてでき上がり。

ちくわと魚肉ソーセージの
バター焼き

ちくわ2本は縦半分に切って長さを半分に切り、魚肉ソーセージは幅2cmの斜め切りにする。フライパンにバター大さじ1、にんにくの薄切り1かけ分を入れて弱火にかけ、香りが立ってきたら具をすべて入れ、中火で炒める。ちくわがしんなりしたらしょうゆをたらし、全体にからめてでき上がり。

春巻きの皮ピザ

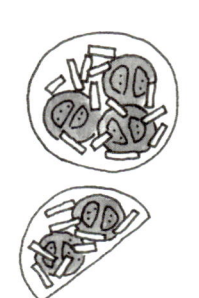

春巻き（またはワンタン）の皮は大きければ半分に切り、玉ねぎの薄切り、ピーマンの細切り、トマトの薄切りをそれぞれ適量のせる。上からピザ用チーズを適量ふりかけ、オーブントースターでチーズが溶けるまで焼く。その他の具としては、長ねぎとしらすなど、火の通りやすいものなら何でもOK。

ポテチー

ポテトチップはアルミ箔に適量をのせ、上からピザ用チーズを少量のせる。チーズが溶けるまでオーブントースターで2～3分焼いてでき上がり。器に盛り、粗びき黒こしょうをたっぷりふる。チーズが多すぎるとパリッと仕上がらないので、ポテトチップ1枚にのせるチーズは2～3切れを目安にして。

缶詰め・瓶詰め

うにチーズ海苔巻き

きゅうり$\frac{1}{4}$本は、斜め薄切りにしてから千切りにする。海苔$\frac{1}{2}$枚にスライスチーズ1枚をのせ、練りうに（瓶詰め）を適量をぬって、その上にきゅうりをおく。きゅうりを芯にして手前から巻いていき、巻き終わりはうにを糊として留める。食べやすく切り分け、器に盛る。

かまぼこの塩辛炒め

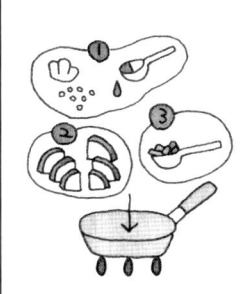

かまぼこ1/2本（80g）は7mm幅のいちょう切りにする。フライパンにオリーブ油大さじ1/2、にんにくのみじん切り1/2かけ分を入れて弱火にかけ、香りが立ってきたらかまぼこを加え、中火で炒める。焦げ目がついたら、いかの塩辛大さじ1を加えてさっと炒め合わせ、粗びき黒こしょうをふる。

たたき長芋のなめたけ和え

長芋は皮をむいてビニール袋に入れ、すりこぎや空き瓶などで叩いて粗めにつぶす。ボウルに長芋となめたけ（瓶詰め）適量を入れて混ぜ合わせ、器に盛り、刻み海苔を散らす。

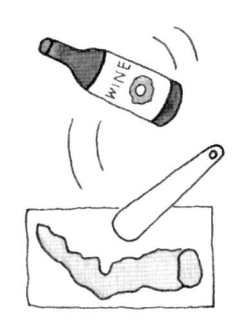

ツナ缶マヨ焼き

ツナ缶（小、ノンオイルタイプ）を開け、しょうゆとマヨネーズを好みの量加える。缶のまま焼き網またはオーブントースターで加熱し、中がふつふつしてきたらでき上がり。好みで七味唐辛子をふっても。取り扱う際は、缶が熱くなっているので持つときはペンチなどを使うこと。

実家だけ おつまみレシピ 25

しいたけのマヨネーズ焼き
材：生しいたけ5〜6個　マヨネーズ・しょうゆ各適量

❶しいたけは軸を取って裏返しにして、笠の内側いっぱいにマヨネーズをのせる。❷アルミ箔にのせ、オーブントースターで5分ほど焼いて器に盛り、しょうゆをたらす。好みで七味唐辛子をふっても。

ししとうのじゃこ炒め
材：ししとう4〜5本　ちりめんじゃこ30g　サラダ油大1　しょうゆ・みりん各少々

❶ししとうはへたを取り、竹串で穴を数ヶ所あける。❷フライパンにサラダ油を中火で熱してししとうを炒め、緑の色が鮮やかになったらちりめんじゃこを加える。しょうゆ、みりんで味をととのえる。

キャベツのバター炒め
材：キャベツ1/4個　バター大1　塩・粗びき黒こしょう各少々

❶キャベツはざく切りにする。❷フライパンにバターを中火で溶かし、キャベツの固い部分から入れてさっと炒め、塩、粗びき黒こしょうをふる。

野菜・キノコ類

アスパラガスの焼きびたし
材：グリーンアスパラ4〜6本（100g）　市販のめんつゆ（つけづゆぐらいの濃さ）適量　削り節適量

❶グリーンアスパラは根元の固い部分を3cmほど切り落とし、オーブントースターに並べて入れて、こんがり焼き色がつくまで4〜5分焼く。❷器に盛り、めんつゆを回しかけて削り節をのせる。

さつまいもとひき肉のきんぴら
材：さつまいも1/2本　ひき肉60g　酒・しょうゆ・ごま油各大1

❶さつまいもは皮つきのまま細切りにし、フライパンにごま油を熱して中火で炒める。❷しんなりしてきたらひき肉を加え、肉に火が通ったら酒を加える。❸汁けがなくなってきたらしょうゆを加え、煮つめてでき上がり。好みで黒こしょうをふっても。

材 ＝ 材料
⑤ ＝ 小さじ
⑥ ＝ 大さじ
⑦ ＝ カップ
※レシピは1～2人分の
つくりやすい分量を表記

もやしときゅうりのごま和え
材：もやし1/2袋　きゅうり1/2本　A（砂糖⑥1/2　しょうゆ⑥1/2　白すりごま⑥1 1/2　練りがらし少々）
❶もやしは熱湯でさっとゆでてザルに上げ、水けをきる。きゅうりは薄切りにしてから千切りにする。❷ボウルにAを混ぜ合わせ、①を加えて和える。

れんこんの甘辛炒め
材：れんこん200～300g　サラダ油⑥1/2　しょうゆ・みりん各⑥1
❶れんこんは一口大の乱切りにする。❷フライパンにサラダ油を強火で熱してれんこんを炒め、こんがり焼き色がついたらしょうゆ、みりんを加え、全体にからめる。

長ねぎの醤油炒め
材：長ねぎ1本　ごま油⑥1/2　しょうゆ少々
❶長ねぎは長さ5cmのぶつ切りにして、縦半分に切る。❷フライパンにごま油を強火で熱して長ねぎをさっと炒め、仕上げにしょうゆを加えて味をととのえる。好みで七味唐辛子をふっても。

せりのおひたし
材：せり1束　だし汁⑥3　しょうゆ⑥1
❶せりは熱湯でさっと湯通しして冷水に取り、水けを絞って長さ5cmに切る。❷ボウルにだし汁としょうゆを合わせ、せりを1～2分ひたして器に盛る。

長芋納豆のチーズ焼き
材：長芋適量　納豆1パック　ピザ用チーズ適量
❶長芋はすりおろして納豆と混ぜ合わせ、耐熱皿に平たくしいてピザ用チーズをのせる。❷オーブントースターで、チーズが溶けるまで焼く。

長芋のフライドポテト
材：長芋・塩各適量　揚げ油適量
❶長芋は1cm角の棒状に切り、中温に熱した揚げ油でカリッと揚げる。❷器に盛り、塩をふる。

みょうがの酢漬け
材：みょうが6～8個　酢⑥2　水⑦1
容器に酢、水を入れて合わせ、みょうがを漬け込んで冷蔵庫に一晩以上おく。

しらすとみょうがの和え物

材：しらす40g　みょうが2個　ごま油㊙1

❶みょうがは小口切りにする。❷ボウルに①、しらす、ごま油を加え、和えて器に盛る。

焼きたらこ

材：たらこ1腹

❶たらこはアルミ箔で包み、焼き網またはグリルまたはオーブントースターで数分焼く。❷好みの焼き加減でアルミ箔をはがし、最後にたらこを直に焼いて焦げ目をつける。こうすると、焼き始めにたらこがプチプチはねるのが防げる。

たこときゅうりのポン酢和え

材：ゆでだこ100g　きゅうり1本　ポン酢（市販）㊤2　オリーブ油（またはごま油）㊙1

❶ゆでだこはぶつ切りにする。きゅうりはへたを切り落とし、包丁の柄などでたたいてひびを入れ、手で割れるところは割って食べやすい大きさにする。❷ボウルにポン酢、オリーブ油を混ぜ合わせ、①を加えて和えて、器に盛る。

ホタテの磯辺焼き

材：ホタテの貝柱（刺身用）4個　海苔適量　A（酒㊙1　しょうゆ㊤1　みりん㊤½）

❶ボウルにAを混ぜ合わせ、ホタテを20分以上漬け込む。❷焼き網またはグリルでレアに焼き、適当な大きさに切った海苔で巻く。

魚介類

いかのうに和え

材：いかの刺身適量　練りうに（瓶詰め）適量　柚子の皮の千切り適量

❶ボウルに、さばいたいか（P.23参照）またはパックで売ってるいかの刺身と、練りうにを入れ、和えるだけ。❷器に盛り、柚子の皮をのせる。

えびとブロッコリーの
ペペロンチーノ

材：えび8〜10尾　ブロッコリー½個　A（にんにくのみじん切り㊤1　赤唐辛子1本　オリーブ油㊤1½）　塩適量

❶えびは殻をむき、ブロッコリーは小房に分けて固い芯の部分は薄めに切る。❷それぞれ塩少々を加えた熱湯でゆでてザルに上げ、水けをきってボウルに入れる。❸フライパンにAを入れて弱火にかけ、香りが立ってきたら②のボウルに加えてよく混ぜる。味をみて、塩でととのえる。

まぐろのキムチ和え

材：まぐろのぶつ切り（刺身用）50g　白菜キムチのざく切り50g　万能ねぎの小口切り適量

ボウルにまぐろと白菜キムチを入れて混ぜ合わせ、器に盛り万能ねぎを散らす。まぐろのぶつ切りは、いかの刺身、ゆでだこのぶつ切りに替えても美味い。

ちくわ納豆

材：ちくわ2本　納豆1パック　きゅうり1/2本　万能ねぎの小口切り1本分

❶ちくわは縦半分に切ってから横半分に切る。❷ボウルに納豆を入れて添付のたれとからしを混ぜ合わせ、5mm角に切ったきゅうり、万能ねぎを和える。❸切ったちくわを皿に見立てて、②を盛る。

牛肉のしぐれ煮

材：牛薄切り肉350g　しょうがの千切り1かけ分　粉ざんしょう小1/3　A(酒・しょうゆ・みりん各大2　水大3)

❶鍋にしょうがの半量とAを入れて煮立て、食べやすく切った牛肉を加え、弱めの中火で6〜7分ほぐしならが煮る。❷煮汁が少し残る程度で火を止め、仕上げに残りのしょうがと粉ざんしょうを混ぜ合わせる。

魚肉ソーセージフライ

材：魚肉ソーセージ1本　小麦粉・溶き卵・パン粉各適量　揚げ油適量

魚肉ソーセージは適当な幅の斜め切りにし、小麦粉、溶き卵、パン粉の順につけて、中温に熱した揚げ油できつね色になるまで揚げる。味つけは、塩かしょうゆで。

牡蛎の昆布焼き

材：牡蛎(むき身)4〜6粒　昆布(15cm角)1枚　酒大1　塩少々　すだちまたはレモン適量

❶牡蛎は塩水(水カ1に塩小1/4ぐらい)に入れてさっと洗い、ザルに上げて水けをきる。昆布はぬらした布巾などでさっと表面を拭く。❷焼き網に昆布を直に置いて牡蛎をのせ、酒、塩をふって中火で焼く。❸牡蛎がふっくらしてきたらでき上がり。すだちまたはレモンを絞って食べる。

その他

はんぺんのからし和え

材：はんぺん1枚　貝割れ大根1パック　A(しょうゆ大1　練りがらし小2)

❶はんぺんは厚みを半分に切ってから棒状に切る。貝割れ大根は根元を切り、さっと湯通しして冷水にさらし、水けをきる。❷ボウルにAを混ぜ合わせて①を加え、和えて器に盛る。

焼き豚ときゅうりの
ごま酢和え

材：焼き豚(市販)30g　きゅうり1/2本　A(砂糖・しょうゆ・酢各大1/2　白すりごま大1)　塩少々

❶焼き豚は長さ4cmの短冊切り、きゅうりは縦半分に切ってから斜め薄切りにし、塩をふってしんなりさせて、水けを絞っておく。❷ボウルにAを混ぜ合わせ、食べる直前に①を和えて、器に盛る。

素材別INDEX

●グリーンアスパラ
グリーンアスパラの直炒め ……78
アスパラガスのナンプラー炒め …168
アスパラガスの焼きびたし ……180
●ゴーヤ
ゴーヤサラダ ……27
ゴーヤとじゃこの炒め物 ……169
●ごぼう
鶏レバーと鶏もも肉の鍋 ……154
ごぼうと鶏肉の鍋 ……164
●さつまいも
フライドさつまいも ……98
さつまいもとひき肉のきんぴら …180
●里芋（冷凍）
里芋の唐揚げ ……100
●ししとう
ビフカツ串 ……109
ししとうのじゃこ炒め ……180
●じゃがいも・新じゃが
タラモサラダ ……30
新じゃがのバター煮 ……46
豚肉じゃが ……56
ポテトフライ ……95
じゃがバター塩辛のせ ……170
●しょうが
油揚げ焼いただけ ……14
ゆでいかのしょうが醤油 ……20
しめあじ ……40
煮がんも ……47
金目鯛の煮つけ ……50
牛スジの塩煮込み ……52
鶏手羽先の酢煮 ……55
おつまみしょうが焼き ……82
変わり冷やっこ５種 ……136
厚揚げのピリ辛オイスターソース炒め …139
温めかぶうどん ……153
あさりと白菜の磯鍋 ……163
牛肉のしぐれ煮 ……183
●スナップエンドウ
スナップエンドウの塩びたし ……12
白身魚とスナップエンドウのビール揚げ …104
●せり
ごぼうと鶏肉の鍋 ……164
せりのおひたし ……181
●セロリ
いかとセロリの塩炒め ……91
セロリのヨーグルト漬け ……127
セロリのナンプラー漬け ……170
●大根・大根の葉
牛スジの塩煮込み ……52

野菜・きのこ類

●青じそ
しめあじ ……40
変わり冷やっこ５種 ……136
ささ身の明太和え ……174
●アボカド
アボカドの刺身 ……38
アボカドのディップ ……129
●うど
うどの皮ごときんぴら ……79
うどの酢味噌和え ……168
●えのきだけ
きのこ鍋 ……158
生鮭とキノコのホイル焼き ……173
●オクラ
ゆでオクラのおかか和え ……120
鯛茶（やなぎがけ） ……145
●貝割れ大根
トマトと玉ねぎの中華サラダ ……29
とりわさ ……43
ゆで豚の海苔ぽん酢 ……54
越前風おろしそば ……150
牡蛎と大根のしゃぶしゃぶ ……165
貝割れ卵焼き ……177
はんぺんのからし和え ……183
●かぶ
かぶのからし漬け ……128
●クレソン
クレソンのごま和え ……169
●キノコ（しめじ、なめこ）
きのこ鍋 ……158
●キャベツ
スパイシーコールスロー ……33
おつまみしょうが焼き ……82
重ねハムカツ ……107
キャベツの甘酢漬け ……121
豚肉とキャベツのマヨ炒め ……176
キャベツのバター炒め ……180
●きゅうり
きゅうりの一本漬け ……15
梅かつお、梅わさび ……23
春雨サラダ ……32
しめあじ ……40
変わり冷やっこ５種 ……136
冷や汁 ……140
うにチーズ海苔巻き ……178
もやしときゅうりのごま和え ……181
たこときゅうりのポン酢和え ……182
ちくわ納豆 ……183
焼き豚ときゅうりのごま酢和え ……183

184

温めかぶうどん・・・・・・・・・・・・・・153
はまぐりとねぎの湯豆腐・・・・・・・157
あさりと白菜の磯鍋・・・・・・・・・・163
ささ身の明太和え・・・・・・・・・・・・174
油揚げと大根の湯豆腐・・・・・・・・176
油揚げの納豆つめ焼き・・・・・・・・177
長ねぎの醤油炒め・・・・・・・・・・・・181
●なす
なすの塩もみ・・・・・・・・・・・・・・・・118
ゆでなすのごま味噌和え・・・・・・122
●生しいたけ
タイピーエン・・・・・・・・・・・・・・・・152
きのこ鍋・・・・・・・・・・・・・・・・・・・・158
生鮭とキノコのホイル焼き・・・・173
しいたけのマヨネーズ焼き・・・・・180
●生マッシュルーム
マッシュルームのチーズ焼き・・・68
●にら
にら玉・・・・・・・・・・・・・・・・・・・・・・84
にらともやしのおひたし・・・・・・123
●にんじん
スパゲッティサラダ・・・・・・・・・・・28
春雨サラダ・・・・・・・・・・・・・・・・・・32
牛スジの塩煮込み・・・・・・・・・・・・52
豚肉じゃが・・・・・・・・・・・・・・・・・・56
カレー汁かけめし・・・・・・・・・・・・147
タイピーエン・・・・・・・・・・・・・・・・152
●にんにく
カマンベールチーズのせトースト・・16
タラモサラダ・・・・・・・・・・・・・・・・30
春雨サラダ・・・・・・・・・・・・・・・・・・32
スパイシーコールスロー・・・・・・・33
牛スジの塩煮込み・・・・・・・・・・・・52
鶏手羽先の酢煮・・・・・・・・・・・・・・55
豚白もつのピリ辛炒め・・・・・・・・76
グリーンアスパラの直炒め・・・・・78
牡蛎のガーリックバター炒め・・・88
いかとセロリの塩炒め・・・・・・・・91
豚レバーにんにく唐揚げ・・・・・・106
セロリのヨーグルト漬け・・・・・・127
アボカドのディップ・・・・・・・・・・129
厚揚げのピリ辛オイスターソース炒め・・139
牡蛎と大根のしゃぶしゃぶ・・・・165
にんにくの丸ごと焼き・・・・・・・・171
ソーセージとまいたけのガーリックソテー・・175
ちくわと魚肉ソーセージのバター焼き・・177
かまぼこの塩辛炒め・・・・・・・・・・179
えびとブロッコリーのペペロンチーノ・・182
●ハーブ類(生ローズマリー、生タイム他)
鶏肉の素焼きハーブ塩・・・・・・・・58

大根菜めし・・・・・・・・・・・・・・・・・146
越前風おろしそば・・・・・・・・・・・・150
豚バラと大根の塩鍋・・・・・・・・・160
牡蛎と大根のしゃぶしゃぶ・・・・165
大根サラダ・・・・・・・・・・・・・・・・・170
鶏肉と大根の鍋・・・・・・・・・・・・・175
油揚げと大根の湯豆腐・・・・・・・176
●玉ねぎ
炒めコンビーフとトマトのサラダ・・26
スパゲッティサラダ・・・・・・・・・・・28
トマトと玉ねぎの中華サラダ・・・29
スパイシーコールスロー・・・・・・・33
ゆで豚の刺身・・・・・・・・・・・・・・・・42
豚肉じゃが・・・・・・・・・・・・・・・・・・56
昔風ナポリタン・・・・・・・・・・・・・・83
玉ねぎリングフライ・・・・・・・・・・102
カレー汁かけめし・・・・・・・・・・・・147
鶏肉と玉ねぎの甘辛鍋・・・・・・・・161
春巻きの皮ピザ・・・・・・・・・・・・・178
●トマト
炒めコンビーフとトマトのサラダ・・26
トマトと玉ねぎの中華サラダ・・・29
アボカドのディップ・・・・・・・・・・129
ブロッコリーとトマトのポン酢和え・・171
たことトマトのタバスコ風味・・・173
春巻きの皮ピザ・・・・・・・・・・・・・178
●長芋
長芋と万能ねぎのサラダ・・・・・・24
長芋と牛肉の煮物・・・・・・・・・・・・48
れんこんと長芋の塩焼き・・・・・・61
長芋のフライドポテト・・・・・・・・181
たたき長芋のなめたけ和え・・・・179
長芋納豆のチーズ焼き・・・・・・・・181
●長ねぎ
チャーシューねぎトースト・・・・・18
塩メンマのねぎ煮・・・・・・・・・・・・22
まぐろのコチュジャン和え・・・・・36
牛スジの塩煮込み・・・・・・・・・・・・52
そうめんチャンプルー・・・・・・・・87
えびの黒酢炒め・・・・・・・・・・・・・・89
わかめとしらすの天ぷら・・・・・・101
海苔がけ湯豆腐・・・・・・・・・・・・・133
温やっこ・・・・・・・・・・・・・・・・・・・134
変わり冷やっこ5種・・・・・・・・・・136
冷したぬき豆腐・・・・・・・・・・・・・138
厚揚げのピリ辛オイスターソース炒め・・139
鯛茶(やなぎがけ)・・・・・・・・・・・145
深川風ぶっかけめし・・・・・・・・・144
カレー汁かけめし・・・・・・・・・・・147
タイピーエン・・・・・・・・・・・・・・・152

| 焼き牡蠣 ･･････････････････････66
| 白身魚とスナップエンドウのビール揚げ ･･104
| アボカドのディップ ･････････････129
| たことトマトのタバスコ風味 ･･･173
| 焼きタラバガニ ････････････････174
| ●れんこん
| れんこんと長芋の塩焼き ･･････････61
| きんぴらレンコン･･････････････169
| れんこんの甘辛炒め ･･･････････181

魚介類・加工品

●あさり（殻つき・むき身）
あさりの汁蒸し ･････････････････49
深川風ぶっかけめし ･･･････････144
あさりと白菜の磯鍋････････････163
●あじ（刺身用）・いかの刺身
しめあじ ･･･････････････････････40
いかのうにに和え ･･････････････182
●うなぎの蒲焼き
うな茶 ･･･････････････････････143
●えび・むきえび
アボカドの刺身 ････････････････38
えびの黒酢炒め ･･････････････････89
えびの梅肉和え ･･･････････････172
えびとブロッコリーのペペロンチーノ ･･182
●牡蠣（殻つき）・むき牡蠣
焼き牡蠣 ･･････････････････････66
牡蠣のガーリックバター炒め ･･････88
牡蠣と大根のしゃぶしゃぶ ･････165
牡蠣の味噌焼き ･･･････････････172
牡蠣の昆布焼き ･･･････････････183
●かつおの刺身
かつおのからし醤油和え ･･･････126
●辛子明太子
ささ身の明太和え ･････････････174
●金目鯛
金目鯛の煮つけ ･･･････････････50
●鮭ハラス
鮭ハラスの西京焼き ･･････････････67
●しらす・ちりめんじゃこ
長芋と万能ねぎのサラダ ････････24
大根菜めし ･･･････････････････146
わかめとしらすの天ぷら ･･･････101
ゴーヤとじゃこの炒め物 ･･･････169
ししとうのじゃこ炒め ･････････180
しらすとみょうがの和え物 ･････182
●白身魚（鯛、すずき、生だら、ボラなど）
白身魚とスナップエンドウのビール揚げ ･･104
白身魚のごま醤油和え ･･････････39

鶏肉の塩釜焼き ･･････････････････74
●白菜
タイピーエン ･････････････････152
白菜とん鍋 ･･･････････････････156
あさりと白菜の磯鍋････････････163
●パセリ
スパゲッティサラダ ････････････28
タラモサラダ ･･････････････････30
牡蠣のガーリックバター炒め ･･････88
●万能ねぎ
長芋と万能ねぎのサラダ ････････24
蒸しはまぐり ･･････････････････51
牛赤身肉のたたき ･････････････75
鶏皮ポン酢 ･･･････････････････124
大阪風湯豆腐 ････････････････132
鶏スープ湯豆腐 ･･････････････135
うな茶 ･･･････････････････････143
キムチそうめん ･･･････････････151
まぐろのキムチ和え ･･････････182
ちくわ納豆 ･･･････････････････183
●ピーマン
ピーマンのおかか炒め ･････････171
春巻きの皮ピザ ･･････････････178
●ブロッコリー
ブロッコリーとトマトのポン酢和え ･･171
えびとブロッコリーのペペロンチーノ ･･182
●まいたけ
生鮭とキノコのホイル焼き ･･････173
ソーセージとまいたけのガーリックソテー ･･175
●水菜・みつば
牛肉と水菜のすき焼き ････････159
あさりの汁蒸し ･････････････････49
●みょうが
しめあじ ･･･････････････････････40
焼きみょうが ････････････････････60
変わり冷やっこ５種 ･･････････136
ささ身の明太和え ･････････････174
みょうがの酢漬け ････････････181
しらすとみょうがの和え物 ･････182
●もやし
豚白もつのピリ辛炒め ･･････････76
にらともやしのおひたし ･･･････123
もやしときゅうりのごま和え ･･･181
●ゆでたけのこ
たけのこのおかか煮 ･･･････････44
焼きたけのこ味噌がけ ･･････････63
●レタス
豚肉とレタスのしゃぶしゃぶ ･･･162
●レモン・レモン汁
鯛の刺身レモン塩 ･････････････37

素材別INDEX

●鶏皮
鶏皮ポン酢 ･･････････････････124
●鶏ささ身
とりわさ ･････････････････････43
ささ身の明太和え ････････････174
●鶏手羽先
鶏手羽先の酢煮 ･･･････････････55
鶏手羽先の塩焼き ････････････175
●鶏ハツ・鶏レバー
鶏肉の素焼きハーブ塩 ･････････58
鶏レバーと鶏もも肉の鍋 ･･････154
●鶏骨つきぶつ切り肉
鶏肉と大根の鍋 ･･････････････175
●鶏もも肉
鶏肉の素焼きハーブ塩 ･････････58
鶏肉の塩釜焼き ･･･････････････74
鶏スープ湯豆腐 ･･････････････135
鶏レバーと鶏もも肉の鍋 ･･････154
鶏肉と玉ねぎの甘辛鍋 ････････161
ごぼうと鶏肉の鍋 ････････････164
●生ハム・ハム
クリームチーズの生ハム巻き ･･･13
スパゲッティサラダ ･･･････････28
春雨サラダ ･･･････････････････32
重ねハムカツ ････････････････107
●ひき肉
さつまいもとひき肉のきんぴら ･･･180
●豚(肩・もも・ロース)薄切り肉
豚肉の味噌漬け焼き ･･･････････73
おつまみしょうが焼き ･････････82
カレー汁かけめし ････････････145
タイピーエン ････････････････152
豚肉とキャベツのマヨ炒め ････176
●豚(肩ロース・バラ)かたまり肉
ゆで豚の刺身 ･････････････････42
豚天 ････････････････････････92
●豚白もつ・豚レバー
豚白もつのピリ辛炒め ･････････76
豚レバーにんにく唐揚げ ･･････106
●豚バラ薄切り肉
ゆで豚の海苔ぽん酢 ･･･････････54
豚肉じゃが ･･･････････････････56
豚肉と高菜のピリ辛炒め ･･･････90
高野豆腐のトンカツ ･･････････130
白菜とん鍋 ･･････････････････156
豚バラと大根の塩鍋 ･･････････160
豚肉とレタスのしゃぶしゃぶ ･･162

●するめいか(刺身用)
ゆでいかのしょうが醤油 ･･･････20
いかげそ焼き ････････････････172
●鯛の刺身
鯛の刺身レモン塩 ･････････････37
鯛茶(やなぎがけ) ･･････････145
●たらこ(生)
タラモサラダ ･････････････････30
焼きたらこ ･･････････････････182
●タラバガニ
焼きタラバガニ ･･････････････174
●生鮭
生鮭とキノコのホイル焼き ････173
手づくり塩鮭 ･････････････････69
●はまぐり
蒸しはまぐり ･････････････････51
はまぐりとねぎの湯豆腐 ･･････157
●ホタテ貝(殻つき)・ホタテの貝柱
生ホタテのバター醤油焼き ･････70
ホタテの磯辺焼き ････････････182
●まぐろの刺身(赤身・ぶつ切り)
まぐろのコチュジャン和え ･････36
まぐろアボカド納豆 ･･････････173
まぐろの醤油煮 ･･････････････174
まぐろのキムチ和え ･･････････182
●ゆでだこ
たことトマトのタバスコ風味 ･･173
たこときゅうりのポン酢和え ･･182

肉類・加工品

●ウィンナーソーセージ
ウインナーエッグ ･････････････81
食パンのソーセージロール ････108
ソーセージとまいたけのガーリックソテー ･･175
●鴨肉
鴨の黒こしょう焼き ･･･････････72
●牛薄切り肉
長芋と牛肉の煮物 ･････････････48
牛肉としらたきのすき煮 ･･･････57
牛肉と水菜のすき焼き ････････159
牛肉のしぐれ煮 ･･････････････183
●牛かたまり肉(赤身)
牛赤身肉のたたき ･････････････75
●牛スジ・牛ステーキ肉
牛スジの塩煮込み ･････････････52
ビフカツ串 ･･････････････････109
●チャーシュー・焼き豚(市販)
チャーシューねぎトースト ･････18
焼き豚ときゅうりのごま酢和え ･･183

●ピザ用チーズ
春巻きの皮ピザ・・・・・・・・・・・・・・・・・・178
ポテチー・・・・・・・・・・・・・・・・・・・・・・・・・178
長芋納豆のチーズ焼き・・・・・・・・・・・・181
●プロセスチーズ・スライスチーズ
ちくわチーズの磯辺揚げ ・・・・・・・・・96
うにチーズ海苔巻き・・・・・・・・・・・・・・178

その他
●青海苔
ちくわチーズの磯辺揚げ ・・・・・・・・・96
●赤唐辛子（輪切り）
牛スジの塩煮込み・・・・・・・・・・・・・・・・52
豚肉と高菜のピリ辛炒め・・・・・・・・・・90
いかとセロリの塩炒め・・・・・・・・・・・・91
キャベツの甘酢漬け・・・・・・・・・・・・・121
えびとブロッコリーのペペロンチーノ・・182
●揚げ玉
冷したぬき豆腐・・・・・・・・・・・・・・・・・138
●梅干し
梅かつお、梅わさび ・・・・・・・・・・・・・23
えびの梅肉和え・・・・・・・・・・・・・・・・・172
●うずら卵
まぐろのコチュジャン和え ・・・・・・・36
●えびシューマイ（冷凍）
揚げシューマイ ・・・・・・・・・・・・・・・・・99
●塩蔵わかめ
わかめとしらすの天ぷら・・・・・・・・・101
●かまぼこ
かまぼこの塩辛炒め・・・・・・・・・・・・・179
●魚肉ソーセージ
魚肉ソーセージのアメリカンドック ・・105
ちくわと魚肉ソーセージのバター焼き・・177
魚肉ソーセージフライ・・・・・・・・・・・183
●くるみ
クリームチーズボール ・・・・・・・・・・・10
●削り節
梅かつお、梅わさび ・・・・・・・・・・・・・23
たけのこのおかか煮・・・・・・・・・・・・・・44
ゆでオクラのおかか和え・・・・・・・・・120
温やっこ・・・・・・・・・・・・・・・・・・・・・・・134
ねこめしおむすび、みそおむすび・・148
越前風おろしそば・・・・・・・・・・・・・・・150
大根サラダ・・・・・・・・・・・・・・・・・・・・・170
ピーマンのおかか炒め・・・・・・・・・・・171
えびの梅肉和え・・・・・・・・・・・・・・・・・172
油揚げと大根の湯豆腐・・・・・・・・・・・176
アスパラガスの焼きびたし・・・・・・・180
●ご飯
冷や汁・・・・・・・・・・・・・・・・・・・・・・・・・140

豆腐・大豆加工品
●厚揚げ・がんもどき
厚揚げのピリ辛オイスターソース炒め・・139
煮がんも ・・・・・・・・・・・・・・・・・・・・・・・47
●油揚げ
油揚げ焼いただけ ・・・・・・・・・・・・・・・14
きのこ鍋・・・・・・・・・・・・・・・・・・・・・・・158
油揚げと大根の湯豆腐・・・・・・・・・・・176
油揚げの納豆つめ焼き・・・・・・・・・・・177
●高野豆腐
高野豆腐のトンカツ・・・・・・・・・・・・・130
●豆腐・焼き豆腐
豆腐の刺身・・・・・・・・・・・・・・・・・・・・・・34
高野豆腐のトンカツ・・・・・・・・・・・・・130
大阪風湯豆腐・・・・・・・・・・・・・・・・・・・132
海苔がけ湯豆腐・・・・・・・・・・・・・・・・・133
温やっこ・・・・・・・・・・・・・・・・・・・・・・・134
鶏スープ湯豆腐・・・・・・・・・・・・・・・・・135
変わり冷やっこ５種・・・・・・・・・・・・・136
冷したぬき豆腐・・・・・・・・・・・・・・・・・138
冷や汁・・・・・・・・・・・・・・・・・・・・・・・・・140
はまぐりとねぎの湯豆腐・・・・・・・・・157
鶏肉と玉ねぎの甘辛鍋・・・・・・・・・・・161
●納豆
まぐろアボカド納豆・・・・・・・・・・・・・173
油揚げの納豆つめ焼き・・・・・・・・・・・177
長芋納豆のチーズ焼き・・・・・・・・・・・181
ちくわ納豆・・・・・・・・・・・・・・・・・・・・・183

チーズ・乳製品
●カマンベールチーズ・粉チーズ
カマンベールチーズのせトースト ・・16
マッシュルームのチーズ焼き ・・・・・68
●牛乳
白身魚とスナップエンドウのビール揚げ・・104
魚肉ソーセージのアメリカンドック ・・105
●クリームチーズ
クリームチーズボール ・・・・・・・・・・・10
クリームチーズの生ハム巻き ・・・・・13
●バター
新じゃがのバター煮 ・・・・・・・・・・・・・46
はんぺんのバター焼き ・・・・・・・・・・・62
マッシュルームのチーズ焼き ・・・・・68
生ホタテのバター醤油焼き ・・・・・・・70
コーンバター・・・・・・・・・・・・・・・・・・・・80
アスパラガスのナンプラー炒め・・・168
じゃがバター塩辛のせ・・・・・・・・・・・170
ちくわと魚肉ソーセージのバター焼き・・177
キャベツのバター炒め・・・・・・・・・・・180

素材別INDEX

牛肉としらたきのすき煮 ……………57
だし巻き卵 ……………………………64
鶏肉の塩釜焼き ………………………74
ウインナーエッグ ……………………81
にら玉 …………………………………84
そうめんチャンプルー ………………87
豚天 ……………………………………92
玉ねぎリングフライ …………………102
重ねハムカツ …………………………107
ビフカツ串 ……………………………109
高野豆腐のトンカツ …………………130
牛肉と水菜のすき焼き ………………159
貝割れ卵焼き …………………………177
魚肉ソーセージフライ ………………183
●ちくわ
ちくわチーズの磯辺揚げ ……………96
ちくわと魚肉ソーセージのバター焼き …177
ちくわ納豆 ……………………………183
●鶏ガラスープの素(顆粒)
鶏スープ湯豆腐 ………………………135
タイビーエン …………………………152
白菜とん鍋 ……………………………156
●とろろ昆布
大阪風湯豆腐 …………………………132
●生そば
越前風おろしそば ……………………150
●海苔(もみ海苔)
ゆで豚の海苔ぽん酢 …………………54
海苔がけ湯豆腐 ………………………133
まぐろアボカド納豆 …………………173
うにチーズ海苔巻き …………………178
たたき長芋のなめたけ和え …………179
ホタテの磯辺焼き ……………………182
●白菜キムチ
はんぺんキムチ炒め …………………86
変わり冷やっこ5種 …………………136
キムチそうめん ………………………151
まぐろのキムチ和え …………………182
●春雨
春雨サラダ ……………………………32
タイビーエン …………………………152
●春巻きの皮
春巻きの皮ピザ ………………………178
●はんぺん
はんぺんのバター焼き ………………62
はんぺんキムチ炒め …………………86
はんぺんのからし和え ………………183
●ピータン
変わり冷やっこ5種 …………………136

塩七味唐辛子おむすび ………………142
うな茶 …………………………………143
深川風ぶっかけめし …………………144
鯛茶(やなぎがけ) …………………145
大根菜めし ……………………………146
カレー汁かけめし ……………………147
ねこめしおむすび、みそおむすび …148
●ごま・すりごま
春雨サラダ ……………………………32
白身魚のごま醤油和え ………………39
えびの黒酢炒め ………………………89
豚肉と高菜のピリ辛炒め ……………90
ゆでなすのごま味噌和え ……………122
変わり冷やっこ5種 …………………136
冷や汁 …………………………………140
鯛茶(やなぎがけ) …………………145
豚肉とレタスのしゃぶしゃぶ ………162
クレソンのごま和え …………………169
もやしときゅうりのごま和え ………181
焼き豚ときゅうりのごま酢和え ……183
●昆布・だし昆布
きゅうりの一本漬け …………………15
温やっこ ………………………………134
はまぐりとねぎの湯豆腐 ……………157
油揚げと大根の湯豆腐 ………………176
牡蛎の昆布焼き ………………………183
●ザーサイ
変わり冷やっこ5種 …………………136
●さきいか
さきいかの天ぷら ……………………94
●塩漬けメンマ
塩メンマのねぎ和え …………………22
●食パン
カマンベールチーズのせトースト …16
卵サンド ………………………………19
タラモサラダ …………………………30
食パンのソーセージロール …………108
●しらたき
牛肉としらたきのすき煮 ……………57
●スパゲティ
スパゲッティサラダ …………………28
昔風ナポリタン ………………………83
●そうめん
そうめんチャンプルー ………………87
キムチそうめん ………………………151
●高菜漬け
豚肉と高菜のピリ辛炒め ……………90
●卵・ゆで卵
卵サンド ………………………………19
鶏手羽先の酢煮 ………………………55

189

タラモサラダ	30
スパイシーコールスロー	33
鯛の刺身レモン塩	37
グリーンアスパラの直炒め	78
ブロッコリーとトマトのポン酢和え	171
たことトマトのタバスコ風味	173
ソーセージとまいたけのガーリックソテー	175
かまぼこの塩辛炒め	179
えびとブロッコリーのペペロンチーノ	182
たときゅうりのポン酢和え	182

●カレー粉
スパイシーコールスロー	33
カレー汁かけめし	147

●黒酢
えびの黒酢炒め	89

●粉ざんしょう
牛肉のしぐれ煮	183

●コチュジャン
まぐろのコチュジャン和え	36
豚白もつのピリ辛炒め	76

●ごま油
塩メンマのねぎ和え	22
トマトと玉ねぎの中華サラダ	29
まぐろのコチュジャン和え	36
うどの皮ごときんぴら	79
はんぺんキムチ炒め	86
そうめんチャンプルー	87
いかとセロリの塩炒め	91
変わり冷やっこ5種	136
きんぴらレンコン	169
えびの梅肉和え	172
さつまいもとひき肉のきんぴら	180
長ねぎの醤油炒め	181
しらすとみょうがの和え物	182

●小麦粉・天ぷら粉
牡蠣のガーリックバター炒め	88
えびの黒酢炒め	89
豚天	92
さきいかの天ぷら	94
ちくわチーズの磯辺揚げ	96
紅しょうが天	97
わかめとしらすの天ぷら	101
玉ねぎリングフライ	102
白身魚とスナップエンドウのビール揚げ	104
豚レバーにんにく唐揚げ	106
ビフカツ串	109
高野豆腐のトンカツ	130
魚肉ソーセージフライ	183

●タバスコ
昔風ナポリタン	83

●ビール
白身魚とスナップエンドウのビール揚げ	104

●フランスパン
チャーシューねぎトースト	18
アボカドのディップ	129

●紅しょうが(かたまり)
紅しょうが天	97

●ホットケーキミックス
魚肉ソーセージのアメリカンドッグ	105

●ポテトチップ
ポテチー	178

●ポン酢(市販)
ゆで豚の海苔ぽん酢	54
鶏皮ポン酢	124
はまぐりとねぎの湯豆腐	157
豚肉とレタスのしゃぶしゃぶ	162
牡蛎と大根のしゃぶしゃぶ	165
ブロッコリーとトマトのポン酢和え	171
たときゅうりのポン酢和え	182

●蒸しそば
揚げそばチップ	176

●めかぶ
温めかぶうどん	153

●めんつゆ(市販)
たけのこのおかか煮	44
煮かんも	47
うどの皮ごときんぴら	79
海苔がけ湯豆腐	133
冷したぬき豆腐	138
カレー汁かけめし	147
越前風おろしそば	150
キムチそうめん	151
温めかぶうどん	153
きのこ鍋	158
ごぼうと鶏肉の鍋	164
アスパラガスの焼きびたし	180

●レーズン
スパイシーコールスロー	33

●冷凍うどん
温めかぶうどん	153

●冷凍ロールいか
いかとセロリの塩炒め	91

●わさび漬け
梅かつお、梅わさび	23

調味料・粉類

●オイスターソース・片栗粉
厚揚げのピリ辛オイスターソース炒め	139

●オリーブ油
カマンベールチーズのせトースト	16

素材別INDEX

おつまみしょうが焼き ・・・・・・・・・82
にら玉 ・・・・・・・・・・・・・・・・・・・・・84
さきいかの天ぷら ・・・・・・・・・・・・94
豚肉とレタスのしゃぶしゃぶ ・・・162
豚肉とキャベツのマヨ炒め ・・・176
ツナ缶マヨ焼き ・・・・・・・・・・・・179
しいたけのマヨネーズ焼き ・・・・180
●みそ（白みそ・赤みそ）
焼きみょうが ・・・・・・・・・・・・・・・60
焼きたけのこ酢味噌がけ ・・・・・・63
鮭ハラスの西京焼き ・・・・・・・・・・67
豚肉の味噌漬け焼き ・・・・・・・・・・73
ゆでなすのごま味噌和え ・・・・・122
冷や汁 ・・・・・・・・・・・・・・・・・・140
深川風ぶっかけめし ・・・・・・・・144
ねこめしおむすび、みそおむすび・・148
うどの酢味噌和え ・・・・・・・・・・168
牡蛎の味噌焼き ・・・・・・・・・・・・172
生鮭とキノコのホイル焼き ・・・173
●柚子こしょう
はまぐりとねぎの湯豆腐 ・・・・・157
豚バラと大根の塩鍋 ・・・・・・・・160
●ラー油
変わり冷やっこ５種 ・・・・・・・・136

缶詰め・瓶詰め

●いかの塩辛
じゃがバター塩辛のせ ・・・・・・・170
かまぼこの塩辛炒め ・・・・・・・・179
●コンビーフ缶・ツナ缶
炒めコンビーフとトマトのサラダ ・・26
ツナ缶マヨ焼き ・・・・・・・・・・・・179
●粒コーン（缶詰め）
ゴーヤサラダ ・・・・・・・・・・・・・・27
コーンバター ・・・・・・・・・・・・・・80
●なめたけ（瓶詰め）
たたき長芋のなめたけ和え ・・・179
●練りうに（瓶詰め）
うにチーズ海苔巻き ・・・・・・・・178
いかのうに和え ・・・・・・・・・・・182
●パイナップル（缶詰め）
クリームチーズボール ・・・・・・・・10
●ミートソース缶
昔風ナポリタン ・・・・・・・・・・・・83
●ランチョンミート缶
ゴーヤサラダ ・・・・・・・・・・・・・・27

アボカドのディップ ・・・・・・・・・129
たことトマトのタバスコ風味 ・・・173
●豆板醤
厚揚げのピリ辛オイスターソース炒め・・139
●トマトケチャップ
ウインナーエッグ ・・・・・・・・・・・81
ポテトフライ ・・・・・・・・・・・・・・95
昔風ナポリタン ・・・・・・・・・・・・83
玉ねぎリングフライ ・・・・・・・・102
魚肉ソーセージのアメリカンドック・・105
●ナンプラー
アスパラガスのナンプラー炒め ・・・168
セロリのナンプラー漬け ・・・・・170
●練りがらし
ゆで豚の刺身 ・・・・・・・・・・・・・・42
れんこんと長芋の塩焼き ・・・・・・61
豚天 ・・・・・・・・・・・・・・・・・・・・92
揚げシューマイ ・・・・・・・・・・・・99
重ねハムカツ ・・・・・・・・・・・・・107
なすの塩もみ ・・・・・・・・・・・・・118
かつおのからし醤油和え ・・・・・126
かぶのからし漬け ・・・・・・・・・・128
もやしときゅうりのごま和え ・・・181
はんぺんのからし和え ・・・・・・・183
●練りわさび
豆腐の刺身 ・・・・・・・・・・・・・・・34
アボカドの刺身 ・・・・・・・・・・・・38
とりわさ ・・・・・・・・・・・・・・・・・43
牛赤身肉のたたき ・・・・・・・・・・75
まぐろアボカド納豆 ・・・・・・・・173
●パン粉
玉ねぎリングフライ ・・・・・・・・102
重ねハムカツ ・・・・・・・・・・・・・107
ビフカツ串 ・・・・・・・・・・・・・・109
高野豆腐のトンカツ ・・・・・・・・130
魚肉ソーセージフライ ・・・・・・・183
●マスタード・粒マスタード
炒めコンビーフとトマトのサラダ ・・26
ポテトフライ ・・・・・・・・・・・・・・95
玉ねぎリングフライ ・・・・・・・・102
魚肉ソーセージのアメリカンドック・・105
ビフカツ串 ・・・・・・・・・・・・・・109
●マヨネーズ
チャーシューねぎトースト ・・・・18
卵サンド ・・・・・・・・・・・・・・・・・19
長芋と万能ねぎのサラダ ・・・・・24
ゴーヤサラダ ・・・・・・・・・・・・・・27
スパゲッティサラダ ・・・・・・・・・28
タラモサラダ ・・・・・・・・・・・・・・30
スパイシーコールスロー ・・・・・・33

著者
瀬尾 幸子（せお ゆきこ）

料理研究家。
無駄と無理を省いたシンプルで美味しいオリジナルレシピに定評がある。得意ジャンルである酒の肴の発想は、酒好きが高じて全国各地の酒場を訪ね歩いた際に生まれるという。今回は本書のために、大阪、名古屋、東京都内各所の横丁酒場＆バーを重点的に探訪していただいた。書道、茶道、陶芸、和装にも通ずる才人である。

構成・編集　吉原 信成（編集工房桃庵）
デザイン　柳田 尚美（N Y graphics）
撮影　鵜澤 昭彦（スタジオ・パワー）
スタイリング　森下 久子
スタイリングアシスタント　黒瀬 佐紀子
イラスト　みひらともこ
調理助手　小高 夏美
編集協力　岡本 晃（office ahead）
スタジオスウェル
撮影協力　ホッピービバレッジ株式会社

もう一軒 おつまみ横丁 さらにおいしい酒の肴 185

●協定により検印省略

著　者／瀬尾 幸子
発行者／池田　豊
印刷所／大日本印刷株式会社
製本所／大日本印刷株式会社
発行所／株式会社池田書店
〒162-0851
東京都新宿区弁天町43番地
電話03-3267-6821(代)
振替00120-9-60072

落丁、乱丁はお取り替えいたします。

© Seo Yukiko 2008, Printed in Japan
ISBN978-4-262-12937-2

本書のコピー、スキャン、デジタル化等の無断複製は著作権法上での例外を除き禁じられています。本書を代行業者等の第三者に依頼してスキャンやデジタル化することは、たとえ個人や家庭内での利用でも著作権法違反です。

1629909